本書係「敦煌文獻系統性保護整理出版工程」項目成果

二〇二一—二〇三五年國家古籍工作規劃重點出版項目
「十四五」國家重點出版物出版規劃項目
國家古籍整理出版專項經費資助項目

中國國家圖書館藏敦煌文獻

敦煌文獻全集

中國國家圖書館 編

第五一册

BD00764～BD00779

國家圖書館出版社

DUNHUANG MANUSCRIPTS IN THE NATIONAL LIBRARY OF CHINA

051

BD00764 ~ BD00779

compiled by the

National Library of China

National Library of China Publishing House

凡例

一　本書刊布中國國家圖書館藏敦煌文獻，以館藏編號爲序編排。

二　館藏編號采用「BD+流水號」格式，如 BD00001, BD16579 等。背面在編號後加 v 表示。一個編號包含多件文獻者，編號後分別綴以字母 A, B, C 等。一件文獻含有多個内容者，以數字 -1, -2, -3 等標明順序。

三　圖版有縮印或放大處另加説明，尺寸超出本書幅面的以摺葉形式呈現。

四　卷軸裝、梵夾裝、經摺裝等裝幀形制的敦煌文獻，各附外觀圖像。

五　每件文獻依次呈現外觀、正面、背面等。背面僅刊布有文字、圖像或其他要素的圖版，而略去素紙部分，背面圖版同樣以從右到左順序編排。凡有外題者，遵從以上原則。

六　除個別特殊情況外，爲保證閲讀連貫、流暢，圖版儘量通欄呈現。

七　各葉上方附該件文獻全圖，以高亮形式顯示本葉大圖在全卷中的位置。部分長卷文獻全圖衹能分多段呈現時，在上段末以符標示下段接續。卷尾内容不足一葉時，文獻全圖使用該圖卷尾部分，亦以符標示。背面圖版文字與正面文字方向相反時，文獻全圖按原貌顯示，正文翻轉呈現，以便閲讀研究，用符標示。

八　文獻題名大體沿用中國國家圖書館此前所編多部敦煌文獻目録的考證，部分吸收學界最新研究成果略作調整和完善。文獻題名綜合參考原卷首題、尾題、外題確定，如原卷題名與該文獻正式名稱不同，則采用正式名稱；無題名者，或比定題名，或擬定新名。非漢文文獻在題名前標注語種。有分卷不同等其他情況者，括注於文獻名稱後。

九　本書著録使用通行繁體字，涉及原文中的人名、地名等，必要時保留原字形。

About this publication

1. The documents are presented in shelfmark order.
2. The shelfmarks are in the form BD plus a running number, eg. BD00001, BD16579, &c. If a given shelfmark contains multiple documents, these are distinguished by the letters A, B, C, &c. If a document has multiple contents, they are distinguished by the numbering 1, 2, 3, &c. The verso side of an item is indicated by the letter v.
3. If it has been necessary to reduce or enlarge the size of an illustration, the dimensions are indicated. If the size of an illustration exceeds the size of the book, a folding sheet is used.
4. If the document is a scroll, a folded sutra, or has a stitched binding, a picture of the whole object is provided to show its external appearance.
5. The cover, front, and back of each document are reproduced in sequence. The back of a document is only reproduced if it contains text, illustrations, or other markings, and it is oriented from right to left. If it is blank it is not reproduced.
6. Except in a few special cases, the lines of text are reproduced unbroken to make them coherent and easier to read.
7. An illustration of the complete document is reproduced at the top of each page, and the section where the main illustration appears is highlighted in order to indicate its position. If it has only been possible to reproduce a long scroll in sections, the direction symbol has been used to indicate where one illustration ends and the next one begins. If the end of the scroll occupies less than one page, the direction symbol is used to indicate its position in the illustration of the complete document. If the text on the back of the document has a different orientation from the text on the front, it is reproduced as it is, but is also rotated (indicated with the rotation symbol) so that it can be read easily.
8. The titles of the documents generally conform with those already established by the Library, but in some cases have been amended by drawing on the most recent scholarly research. The titles are derived firstly from the beginning of the text, then from the end of the text, and lastly from the cover. If the title of a document differs from its authoritative form, the authoritative form is used; and if a document has no title, one is either supplied by comparison with similar documents, or a new one is devised. If the document is not in Chinese, its language is indicated before the title. If the number of juan is different from that of the authoritative version, or if there are other irregularities, this is noted.
9. The documents in the book are in traditional Chinese characters. Where the title contains personal or place names, the original characters used for these names are retained.

(Translated by David Helliwell)

第五一册目録

BD00764　大般涅槃經卷四

（北涼）曇無讖　譯

759cm × 25.5cm

云何自正若佛如来　因緣而有所
如比丘見大火聚便　一言我寧抱是熾然
火聚終不敢於如来所說十二部經及秘密
藏謗言云是波旬所說若言如来法僧无常
如是說者為自侵欺亦欺於人寧以利刀自
斷其舌終不說言如来法僧是无常也若聞
他說亦不信受於此說者應生憐愍如来法
僧不可思議應如是持自觀己身猶如火聚
是名自正云何正他佛說法時有一女人乳養嬰
兒来詣佛所稽首佛足有所顧念心自思惟便
坐一面尒時世尊知而故問汝以愛念多含兒
蘇不知籌量消與不消尒時女人即白佛言
甚奇世尊善知如我心中所念唯願如来教

將無夭壽唯願如來為我解說佛言汝兒所
食尋即消化增益壽命女人聞已心大踊躍
復作是言如來實說故我歡喜世尊如是為
欲調伏諸衆生故善能分別說消不消亦說
諸法无我无常若佛世尊先說常者受化之
徒當言此法與外道同即便捨去復告女人
若兒長大能自行來凡所食噉能消難消本
所與蘇則不供足我之所有聲聞弟子亦復
如是如汝嬰兒不能消是常住之法是故我
先說苦無常若我聲聞諸弟子等功德已備
堪任脩習大乘經典我於是經為說六味云
何六味說苦醋味无常醎味无我苦味樂如

BD00764　大般涅槃經卷四

何六味說苦酢味无常醎味无我苦味樂如
甜味我如辛味常如淡味彼世間中有三種
味所謂无常无我无樂煩惱為薪智慧為火
以是因緣成涅槃飯謂常樂我令諸弟子
悉皆甘嗜復告女人汝若有緣欲至他處應
駈惡子令出其舍悉以寶藏付示善子女人白
佛實如聖教珎寶之藏應示善子不示惡子
姊我亦如是般涅槃時如來微密无上法藏
不與聲聞諸弟子等如汝寶藏不示惡子要
當付囑諸菩薩等如汝寶藏委付善子何以
故聲聞弟子生變異想謂佛如來真實滅度
然我真實不滅度也如汝遠行未還之頃汝
之惡子便言汝死汝實不死諸菩薩等說言

有衆生謂佛常住不變異者當知是家則
爲有佛是名正他
能隨問荅者若有人來問佛世尊我當云何
不捨錢財而得名爲大施檀越佛言若有
沙門婆羅門等少欲知足不受不畜不淨物者
當施其人奴婢僕使脩梵行者施與女人斷
酒肉者施以酒宍不過中食施過中食不着
華香施以華香如是施者施名流布遍至他
方財寶之費不失毫氂是則名爲能隨問荅
尒時迦葉菩蕯白佛言世尊食宍之人不應
施宍何以故我見不食宍者有大功德佛讚
迦葉善哉善哉汝今乃能善知我意護法

迦葉善哉善哉汝今乃能善知我意護法
菩薩應當如是善男子從今日始不聽聲聞弟子
食宍若受檀越信施之時應觀是食如子
宍想迦葉菩薩復白佛言世尊云何如来
不聽食宍善男子夫食宍者斷大慈種迦葉
又言如来何故先聽比丘食三種淨宍迦葉
是三種淨宍隨事漸制迦葉菩薩復白佛言
世尊何因緣故十種不淨乃至九種清淨而復
不聽佛告迦葉亦是因事漸次而制當知即
是現斷宍義迦葉菩薩復白佛言云何如
来稱讚魚宍爲美食耶善男子我亦不說
魚宍之屬爲美食也我說甘蔗粳米石蜜一切穀
麦及黒石蜜乳酪蘇油以爲美食雖說應畜
種種衣服所應畜者要是壞色何况貪著

[illegible]
種味乳酪酪漿生蘇熟蘇胡麻油等及諸衣
服憍奢耶衣珂貝皮革金銀盂器如是等物
亦不應受善男子不應同彼尼乾所見如来
所制一切禁戒各有異意異意故聽食三種
淨宍異想故斷十種宍異想故一切悉斷及
自死者迦葉我從今日制諸弟子不得復食
一切宍也迦葉其食宍者若行若住若坐若
卧一切衆生聞其宍氣悉生恐怖譬如有人
近師子已衆人見之聞師子臭亦生恐怖善
男子如人噉蒜臭穢可悪餘人見之聞臭捨
去設遠見者猶不欲視况當近之諸食宍者
亦復如是一切衆生聞其宍氣悉皆恐怖生
畏死想水陸空行有命之類悉捨之走咸言

而復如是一切衆生聞其宍氣悉皆恐怖生
畏死想水陸空行有命之類悉捨之走咸言
此人是我等怨是故菩薩不習食宍爲度衆
生視現食宍雖現食之其實不食善男子如
是菩薩清淨之食猶尚不食況當食宍
善男子我涅槃後无量百歲四道聖人悉復
涅槃正法滅後於像法中當有比丘似像持
律少讀誦經貪嗜飲食長養其身身所被
服麁陋醜惡形容憔悴无有威德放畜牛羊擔
負薪草頭鬚髮爪悉皆長利雖服袈裟猶如
獵師細視徐行如貓伺鼠常唱是言我得羅
漢多諸病苦眠卧糞穢外現賢善内懷貪嫉
如受瘂法婆羅門等實非沙門現沙門像邪
見熾盛誹謗正法如是等人破壞如來所制

深秘密之教各自隨意返說經律而作是言
如來皆聽我等食宍自生此論言是佛說互
共諍訟各自稱是沙門釋子善男子尒時復
有諸沙門等貯聚生穀受取魚宍手自作食
執持油瓶寶蓋革屣親近國王大臣長者占
相星宿懃脩醫道畜養奴婢金銀瑠璃車渠
馬瑙頗梨真珠珊瑚虎珀璧玉珂貝種種菓
蓏學諸伎藝畫師泥作造書教學種植根
蠱道呪幻和合諸藥作倡伎樂香華治身樗
蒱圍棊學諸工巧若有比丘能離如是諸惡
事者當說是人真我弟子
尒時迦葉復白佛言世尊諸比丘比丘尼優
婆塞優婆夷因他而活若乞食時得雜宍

婆塞優婆夷因他而活若乞食時得雜宍
食云何得食應清淨法佛言迦葉當以水洗令
與宍別然後乃食若其食器為宍所汙但使
无味聽用无罪若見食中多有宍者則不應
受一切現宍悉不應食食者得罪我今唱是
斷宍之制若廣說者則不可盡涅槃時到是
故略說是則名為能隨問荅
迦葉云何善解因緣義如有四部之衆來問
我言世尊如是之義如來初出何故不為波
斯匿王說是法門深妙之義或時說深或時
說淺或名為犯或名不犯云何名墮云何名
律云何名波羅提木叉義佛言波羅提木叉
者名為知足成就威儀无所受畜亦名淨命
墮者名四惡趣又復墮者墮於地獄乃至阿

戒不犯威儀脩習知足不受一切不淨之物又
復墮者長養地獄畜生餓鬼以是諸義故名
日墮波羅提木叉者離身口意不善邪業律
者入戒威儀深經善義遮受一切不淨之物及
不淨因緣亦遮四重十三僧殘二不定法卅
捨墮九十一墮四悔過法衆多學法七滅諍
等或有人盡破一切戒法云何一切謂四重
法乃至七滅諍法或復有人誹謗正法甚深
經典及一闡提具足成就盡一切相无有因
緣如是等人自言我是聰明利智輕重之罪
悉皆覆藏覆藏諸惡如龜藏六如是衆
罪長夜不悔以不悔故日夜增長是諸比丘所犯
衆罪終不發露是使所犯遂復滋漫是故如

羅長衣不怡以不怡故曰衣增長是謂比丘所犯
衆罪終不發露是使所犯遂復滋蔓是故如
来知是事已斷次而制不得一時
尒時有善男子善女人白佛言世尊如来久
知如是之事何不先制將無世尊欲令衆生
入阿鼻獄譬如多人欲至他方迷失正路隨
逐邪道是諸人等不知迷故皆謂是道復不
見人可問是非衆生如是迷於佛法不見正
真如来應為先說正道勅諸比丘此是犯戒
此是持戒當如是制何以故如来正覺是真
實者知見正道唯有如来天中之天能說十
善增上功德及其義味是故啓請應先制戒
佛言善男子若言如来能為衆生宣說十善
增一切惡是則如来見[illegible]

一人有墮阿鼻地獄因緣尚為是人住世一
劫若滅一劫我於衆生有大慈悲何緣當誑
如子想者令入地獄善男子如王國內有納
衣者見衣有孔然後方補如來亦尒見諸衆
生有入阿鼻地獄因緣即以戒善而為補之
善男子譬如轉輪聖王先為衆生說十善法
其後漸漸有行惡者王即隨事漸漸而斷斷
諸惡已然後自行聖王之法善男子我亦如
是雖有所說不得先制要因比丘漸行非法
然後方乃隨事制之樂法衆生隨教脩行如
是等衆乃能得見如來法身如轉輪王所有
輪寶不可思議如來亦尒不可思議法僧二
寶亦不可思議能說法者及聞法者皆不可

實亦不可思議能說法者及聞法者皆不可
思議是名善解因緣義也菩薩如是分別開
示四種相義是名大乘大涅槃中因緣義也
復次自正者所謂得是大般涅槃正他者我
爲比丘說言如來常存不變隨問荅者迦葉
因汝所問故得廣爲菩薩摩訶薩比丘比丘
尼優婆塞優婆夷說是甚深微妙義理因
緣義者聲聞緣覺不解如是甚深之義不
聞伊字三點而成解脫涅槃摩訶般若成秘密
藏我今於此闡揚分別爲諸聲聞開發慧眼
假使有人作如是言如是四事云何爲一非虛
妄耶即應反質是虛空无所有不動无㝵如
是四事有何等異是豈得名爲虛

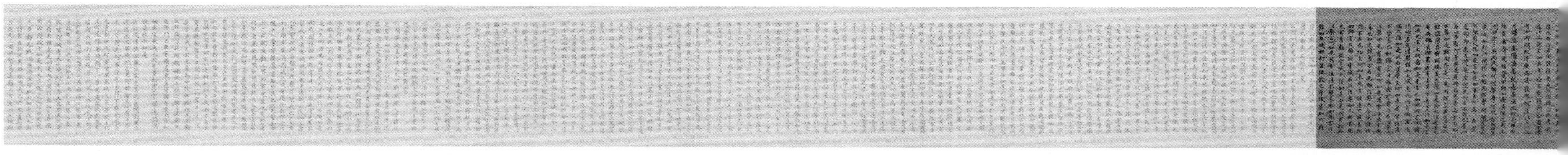

世尊如是諸句即是一義所謂空義皆正他
能随問荅解因缘義亦復如是即大涅槃等无
有異佛告迦葉若有善男子善女人作如是言
如來无常云何當知是无常也如佛所言滅諸
煩惱名為涅槃猶如火滅悉无所有滅諸煩
惱亦復如是故名涅槃云何如來為常住法
不變易也如佛言曰離諸有者乃名涅槃是
涅槃中无有諸有云何如來為常住法不變
易也如衣壞盡不名為物涅槃亦尒滅諸煩
惱不名為物云何如來為常住法不變易耶
如佛言曰離欲寂滅名曰涅槃如人斬首則
无有首離欲寂滅亦復如是空无所有故名
涅槃云何如來為常住法不變易耶如佛言曰
譬如熱鐵搥打星流散已尋滅莫知所在

譬如熱鐵槌打星流散已尋滅莫知所在
得正解脫亦復如是已度淫欲諸有淤泥
得无動處不知所至
云何如來爲常住法不變易耶迦葉若有人
作如是難者名爲耶難迦葉汝亦不應作是
憶想謂如來性是滅盡也迦葉滅煩惱者不
名爲物何以故永畢竟故是故名常是句寂
靜爲无有上滅盡諸相无有遺餘是句鮮白
常住无退是故涅槃名曰常住如來亦尒常
住无變言星流者謂煩惱也散已尋滅莫知
所在者謂諸如來煩惱滅已不在五趣是故
如來是常住法无有變易復次迦葉諸佛所
師所謂法也是故如來恭敬供養以法常故
諸佛亦常迦葉[illegible]

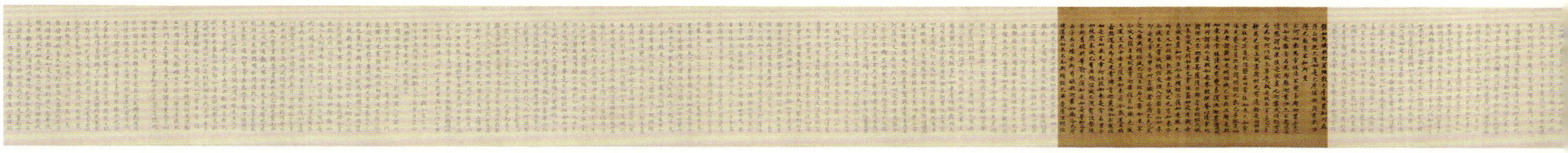

色滅已莫知所至如來煩惱亦復如是滅无
所至又如彼鐵熱與赤色滅已无有如來亦
尒滅已无常滅煩惱火便入涅槃當知如來
即是无常善男子所言鐵者名諸凡夫凡夫
之人雖滅煩惱滅已復生故名无常如來不
尒滅已復生是故名常迦葉復言如鐵色滅
已還置火中赤色復生如來若尒應還生結
若結還生即是无常佛言迦葉汝今不應作
如是言如來无常何以故如來是常善男子
如彼然木滅已有灰煩惱滅已便有涅槃壞
衣斬首破瓶等喻亦復如是如是等物各有
名字名曰壞衣斬首破瓶迦葉如鐵冷已可
使還熱如來不尒斷煩惱已畢竟清涼煩惱

使還熟如来不尒斷煩惱已畢竟清涼煩惱
熾火更不復生迦葉當知无量衆生猶如彼
鐵我以无漏智慧熾火燒彼衆生諸煩惱結
迦葉復言善哉善哉我今諦知如来所說諸
佛是常佛言迦葉辟如聖王素在後宮或時
遊觀在於後園王雖不在諸婇女中亦不得
言聖王命終善男子如来亦尒雖不現於閻
浮提界入涅槃中不名无常如来出於无量煩
惱入于涅槃安樂之處遊諸覺華歡娛受樂
迦葉復問如佛言曰我已久度煩惱大海若
佛已度煩惱海者何緣復共耶輸陁羅生
羅睺羅以是因緣當知如来度煩惱諸結大

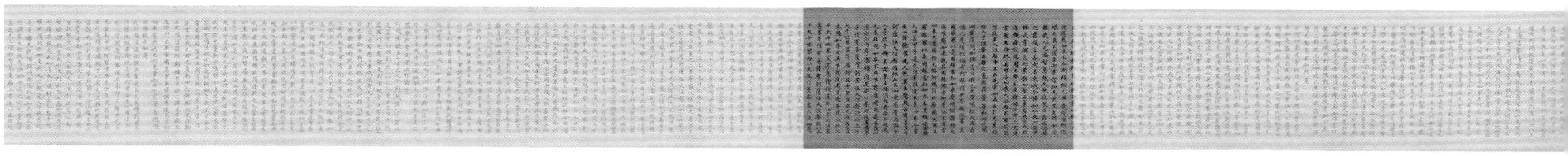

羅睺羅以是因緣當知如來未度煩惱諸結
大海善男子是大涅槃能建大義汝等今當
至心諦聽廣為人說莫生驚疑若有菩薩摩
訶薩住大涅槃須弥山王如是高廣悉能令
入亭歷子糩其諸衆生依須弥者亦不迫迮
无來往想如本不異唯應度者見是菩薩以
須弥山內亭歷糩復還安止本所住處善男
子復有菩薩摩訶薩住大涅槃能以三千
大千世界置亭歷糩其中衆生亦无迫迮及往
來想如本不異唯應度者見是菩薩以此三
千大千世界置亭歷糩復還安止本所住處
善男子復有菩薩摩訶薩住大涅槃能以三
千大千世界內一毛孔乃至本處亦復如是

善男子復有菩薩摩訶薩住大涅槃能以三
千大千世界內一毛孔乃至本處亦復如是
善男子復有菩薩摩訶薩住大涅槃斷取十
方三千大千諸佛世界置於針鋒如貫棗葉
擲著他方異佛世界其中所有一切衆生不覺
往返爲在何處唯應度者乃能見之乃至本
處亦復如是善男子復有菩薩摩訶薩住
大涅槃斷取十方三千大千諸佛世尊置於
右掌如陶家輪擲置他方微塵世界无一衆
生有往來想唯應度者乃見之耳乃至本處
亦復如是善男子復有菩薩摩訶薩住大涅
槃斷取一切十方无量諸佛世界悉內己身其
中衆生悉无迫迮亦无往返及住處想唯應
度者乃能見之乃至本處亦復如是善男子

一塵中其中衆生亦无迫迮往返之想唯應
度者乃能見之乃至本處亦復如是善男子
是菩薩摩訶薩住大涅槃則能示現種種
无量神通變化是故名曰大般涅槃是菩薩
摩訶薩所可示現如是无量神通變化一切衆
生无能測量汝今云何能知如來習近婬欲
生羅睺羅善男子我已住是大涅槃種種示現神通
變化於此三千大千世界百億日月百億閻浮
提種種示現如首楞嚴經中廣說我於三千
大千世界或閻浮提示現涅槃亦不畢竟
取於涅槃或閻浮提示入母胎令其父母生
我子想而我此身畢竟不從婬欲和合而得
生也我已久從无量劫来離於愛欲我今此

BD00764　大般涅槃經卷四

我今於此身畢竟不從婬欲和合而得
生也我已久從无量劫来離於愛欲我今此
身即是法身隨順世間亦現入胎善男子此
閻浮提林微尼園亦現從母摩耶而生生已
即能東行七步唱如是言我於人天阿脩羅
中最尊最上父母人天見已驚喜生希有心
而諸人等謂是嬰兒而我此身无量劫来久
離是法如来身者即是法身非是肉血筋脉
骨髓之所成立隨順世間衆生法故亦為嬰
兒南行七步亦現欲為无量衆生作上福田
西行七步亦現生盡永斷老死是最後身北
行七步亦現已度諸有生死東行七步亦為
衆生而作導首四維七步亦現斷滅種種煩
惱四魔種性成於如来應正遍知上行七步

[illegible]如虛空下
行七步亦現法雨滅地獄火令彼衆生受安
隱樂毀禁戒者亦作霜雹
於閻浮提生七日已又亦剃髮諸人皆謂我
是嬰兒初始剃髮一切人天魔王波旬沙門
婆羅門无有能見我頂相者况有持刀臨之
剃髮若有持刀至我頂者无有是處我久已
於无量劫中剃除鬚髮為欲隨順世間法故
亦現剃髮我既生已父母將我入天祠中以我
亦於摩醯首羅摩醯首羅即見我時合掌
恭敬立在一面我已久於无量劫中捨離如
是入天祠法為欲隨順世間法故亦現如是
我於閻浮提亦現穿耳一切衆生實无有能
穿我耳者隨順世間衆生法故亦現如是復

BD00764　大般涅槃經卷四

穿我耳者隨順世間衆生法故亦現如是復
以諸寶作師子璫因莊嚴耳然我已於无量
劫中離莊嚴具為欲隨順世間法故作是示
現示入學堂脩學書疏然我已於无量劫中
具足成就遍觀三界所有衆生无有堪任為
我師者為欲隨順世間法故亦入學堂故名
如來應正遍知習學乘象槃馬捔力種種伎
藝亦復如是於閻浮提而復亦現為王太子
衆生皆見我為太子於五欲中歡娛受樂然
我已於无量劫中捨離如是五欲之樂為欲
隨順世間法故亦如是相相師占我若不出家
當為轉輪聖王王閻浮提一切衆生皆信
是言然我已於无量劫中捨轉輪位為法輪
王於閻浮提現離婇女五欲之樂現老病死

始出家然我已於无量劫中出家學道隨順
世法故亦如是
我於閻浮提示現出家受具足戒精懃脩道
得須陁洹果斯陁含果阿那含果阿羅漢果
衆人皆謂是阿羅漢果易得不難然我已於
无量劫中成阿羅漢果為欲度脫諸衆生故
坐於道場菩提樹下以草為座摧伏衆魔衆
皆謂我始於道場菩提樹下降伏魔官然我
已於无量劫中久降伏已為欲降伏剛強衆
生故現是化我又亦現大小便利出息入息
衆皆謂我有大小便利出息入息然我是身
所得果報悉无如是大小便利出入息等隨
順世間故亦如是我又亦現受人信施然我

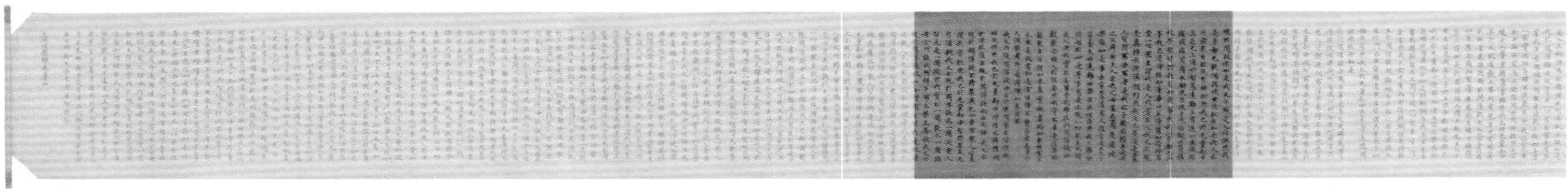

順世間故亦如是我又亦現受人信施然我
是身都无飢渴隨順世法故亦如是我又亦
同諸衆生故現有睡眠然我已於无量劫中
具足无上深妙智慧遠離三有進止威儀頭
痛腹痛背痛木鎗洗足洗手洗面漱口嚼楊
枝等衆皆謂我有如是事然我此身都无此
事我足清淨猶如蓮華口氣淨潔如優鉢羅
香一切衆生謂我是人我實非人我又亦現
受糞掃衣浣濯縫打然我久已不須是衣衆
人皆謂羅睺羅者是我之子輸頭檀王是我
之父摩耶夫人是我之母處在宮閒受諸快
樂離如是事出家學道衆人復言是王太子
瞿曇大姓遠離世樂求出世法然我久離世
間愛欲如是等事悉是示現一切衆生咸謂

是人然我實非善男子我異於此閻浮提中
數數亦現入於涅槃然我實不畢竟涅槃而
諸衆生皆謂如来真實滅盡而如来性實不
永滅是故當知是常住法不變易法善男子
大涅槃者即是諸佛如来法界
我又亦現閻浮提中出於世間衆生皆謂我
始成佛然我已於无量劫中所作已辦隨順
世法故復亦現於閻浮提初出成佛我又亦
現於閻浮提不持禁戒犯四重罪衆人皆見
謂我實犯然我已於无量劫中堅持禁戒无
有漏缺我又亦現於閻浮提為一闡提衆人
皆見是一闡提然我實非一闡提也一闡提
者云何能成阿耨多羅三藐三菩提我又亦
現於閻浮提破和合僧衆生皆謂我是破僧

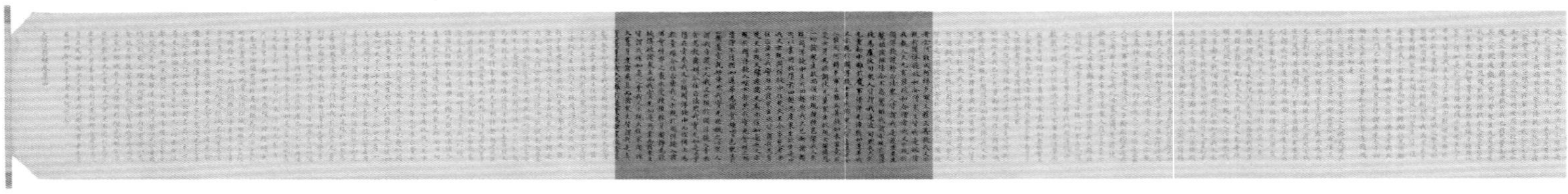

者云何能成阿耨多羅三藐三菩提我又亦
現於閻浮提破和合僧衆生皆我是破僧
我觀人天无有能破和合僧者我又亦現於
閻浮提護持正法衆人皆謂我是護法悉生
驚怪諸佛法尒不應驚怪我謂亦現於閻浮
提爲魔波旬衆人皆謂我是波旬然我久於
无量劫中離於魔事清淨无染猶如蓮華我
又亦現於閻浮提女身成佛衆人皆言甚奇女
人能成阿耨多羅三藐三菩提如来畢竟不
受女身爲欲調伏无量衆生故現女像憐愍
一切諸衆生故而復亦現種種色像我又亦
現閻浮提中生於四趣然我久已斷諸趣
因以業因故墮於四趣爲度衆生故生是中
我又亦現閻浮提中作梵天王令事梵者安

住正法[illegible]
梵天亦現天像遍諸天廟亦復如是我又亦
現於閻浮提入婬女舍然我實无貪婬之想
清淨不汙猶如蓮華為諸貪婬嗜色衆生於
四衢道宣說妙法然我實无欲穢之心衆人
謂我守護女人我又亦現於閻浮提入青衣
舍為教諸婢令住正法然我實无如是惡業
墮在青衣我又亦現閻浮提中而作博士為
教童矇令住正法我又亦現於閻浮提入諸
酒會博弈之處亦受種種勝負鬪諍為欲
拔濟彼諸衆生而我實无如是惡業而諸衆生
皆謂我作如是之業我又亦現久住冢間作
大鷲身度諸飛鳥而諸衆生皆謂我是真
實鷲身然我久已離於是業為欲度彼諸鳥

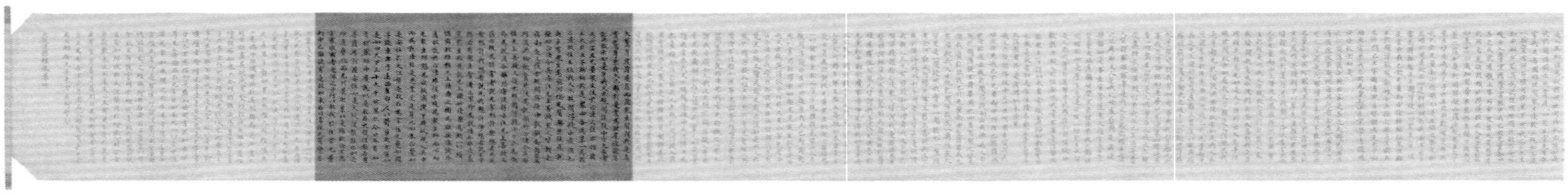

大鵰身度諸飛鳥而諸衆生皆謂我是真
實鵰身然我久已離於是業爲欲度彼諸鳥
鵰故示如是身我又示現閻浮提中作大長者
爲欲安立无量衆生住於正法又復亦作諸
王大臣王子輔相於是衆中各爲第一爲脩
正法故住王位我又示現閻浮提中疫病劫
起多有衆生爲病所惱先施醫藥然後爲說
微妙正法令其安住无上菩提衆人皆謂是
病劫起又復亦現閻浮提中飢餓劫起隨其
所須供給飲食然後爲說微妙正法令其安
住无上菩提又復亦現閻浮提中刀兵劫起
即爲說法令離怨害使得安住无上菩提又
復亦現爲計常者說无常想計樂想者爲說
苦想計我想者說无我想計淨想者說不淨

[illegible]
度衆生故爲說无上微妙法藥爲斷一切煩
惱病故種植无上法藥之樹爲欲拔濟諸外
道故說於正法雖復亦現爲衆生師而心初
无衆生師想爲欲拔濟諸下賤故現入其中
而爲說法非是惡業受是身也如來正覺如
是安住於大涅槃是故名爲常住无變如閻
浮提東弗于逮西瞿耶尼北欝單越亦復如
是如四天下三千大千世界亦尒廿五有如
首楞嚴經中廣說以是故名大般涅槃若有
菩薩摩訶薩安住如是大般涅槃能亦如是
神通變化而无所畏迦葉以是緣故汝不應
言羅睺羅者是佛之子何以故我於往昔无量
劫中已離欲有是故如來名曰常住无有變易

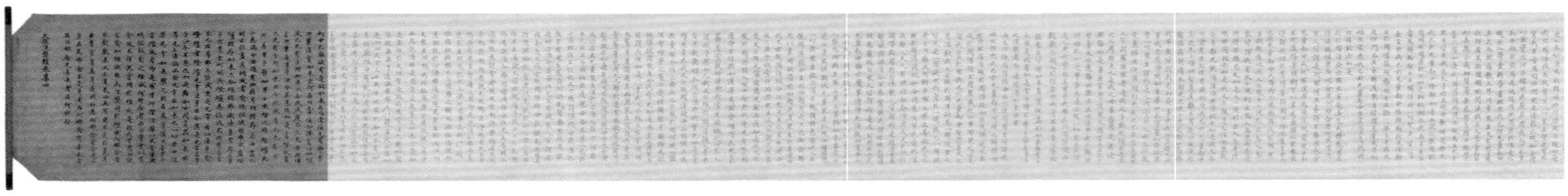

劫中已離欲有是故如来名曰常住无有變易
迦葉復言如来云何名曰常住如佛言曰如燈
滅已无有方所如来亦尒既滅度已亦无方所佛
言迦葉善男子汝今不應作如是言燈滅盡
已无有方所如来亦尒既滅度已无有方
所善男子譬如男女然燈之時燈爐大
小悉滿中油隨有油在其明猶存若油盡已
明亦俱盡其明滅者喻煩惱滅明雖滅盡燈
爐猶存如来亦尒煩惱雖滅法身常存善男
子於意云何明與燈爐為俱滅不迦葉答言
不也世尊雖不俱滅然是无常若以法身喻
燈爐者燈爐无常法身亦尒應是无常善男
子汝今不應作如是難如世間言器如来世

言燈滅者即是羅漢所證涅槃以滅貪愛諸
煩惱故喻之燈滅阿那含者名曰有貪以有
貪故不得說言同於燈滅是故我昔覆相說
言喻如燈滅非大涅槃同於燈滅阿那含者
非數數來又不還來廿五有更不受於臭身
虫身食身毒身是則名為阿那含者若更受
身名為那含不受身者名阿那含有去來者
名曰那含无去來者名阿那含

大般涅槃經卷第四

BD00765 維摩詰所說經卷中

（後秦）鳩摩羅什 譯

123cm × 26cm

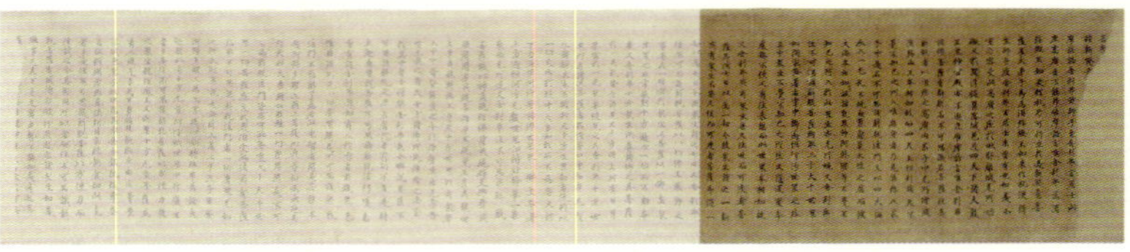

菩薩
諸新發意
摩詰語舍利弗就師子坐舍利弗言居士此
座高廣吾不能昇維摩詰言唯舍利弗為須
弥燈王如来作礼乃可得坐於是新發意菩
薩及大弟子即為須弥燈王如来作礼便得
坐師子座舍利弗言居士未曾有也如是小
室乃容受此高廣之座於毗耶離城无所妨
礙又於閻浮提聚落城邑及四天下諸天龍
王鬼神宮殿亦不迫迮維摩詰言唯舍利弗
諸佛菩薩有解脫名不可思議若菩薩住是

覺不知已之所入唯應度者乃見須彌入芥
子中是名不可思議解脫法門又以四大海
水入一毛孔不嬈魚鼈黿鼉水性之屬而彼
大海本相如故諸龍鬼神阿脩羅等不覺不
知已之所入於此衆生亦无所嬈又舍利弗
住不可思議解脫菩薩斷取三千大千世界
如陶家輪著右掌中擲過恒河沙世界之外
其中衆生不覺不知已之所往又復還置本
處都不使人有往來想而此世界本相如故
又舍利弗或有衆生樂久住世而可度者菩
薩即演七日以為一劫令彼衆生謂之一劫
或有衆生不樂久住而可度者菩薩即促一

或有衆生不樂久住而可度者菩薩即促一
劫以為七日令彼衆生謂之七日又舍利弗
住不可思議解脫菩薩以一切佛土嚴飾之
事集在一國示於衆生又菩薩以一佛土衆
生置之右掌飛到十方遍示一切而不動本
處又舍利弗十方衆生供養諸佛之具菩薩
於一毛孔皆令得見又十方國土所有日月
星宿於一毛孔普使見之又舍利弗十方世
界所有諸風菩薩悉能吸著口中而身无損
外諸樹木亦不摧折又十方世界劫盡燒時以
一切火內於腹中火事如故而不為害又於
下方過恒河沙等諸佛世界取一佛土舉著

[illegible]舍利弗住不可思議解脫
菩薩能以神通現作佛身或現辟支佛身或
現聲聞身或現帝釋身或現梵王身或現世
主身或現轉輪王身又十方世界所有衆聲
上中下音皆能變之令作佛聲演出无常苦
空无我之音及十方諸佛所說種種之法皆
於其中普令得聞舍利弗我今略說菩薩不
可思議解脫之力若廣說者窮劫不盡是時
大迦葉聞說菩薩不可思議解脫法門嘆未
曾有謂舍利弗譬如有人於盲者前現衆色
像非彼所見一切聲聞聞是不可思議解脫
法門不能解了為若此也智者聞是其誰不
發阿耨多羅三藐三菩提心我等何為永絕其

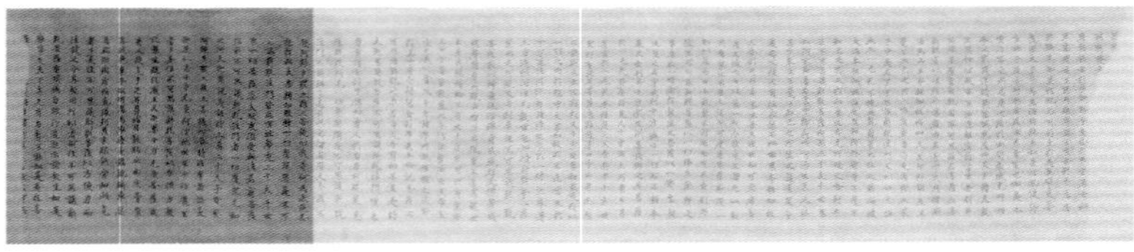

發阿耨多羅三藐三菩提心我等何為永絕其
根於此大乘猶如敗種一切聲聞聞是不可
思議解脫法門皆應號泣聲震三千大千世
界一切菩薩應大欣慶頂受此法若有菩薩
信解不可思議解脫法門者一切魔眾无如
之何大迦葉說是語時三萬二千天子皆發
阿耨多羅三藐三菩提心尒時維摩詰語大
迦葉仁者十方无量阿僧祇世界中作魔王
者多是住不可思議解脫菩薩以方便力教
化衆生現作魔王又迦葉十方无量菩薩或
有人從乞手足耳鼻頭目髓腦血肉皮骨聚
落城邑妻子奴婢象馬車乘金銀琉璃車渠
馬瑙珊瑚琥珀真珠珂貝衣服飲食如此

住試之令其堅固所以者何住不可思議解
脱菩薩有威德力故行逼迫示諸衆生如是
難事凡夫下劣无有力勢不能如是逼迫菩
薩[illegible]

BD00766　金光明經卷二

（北涼）曇無讖　譯

93.9cm × 26.3cm

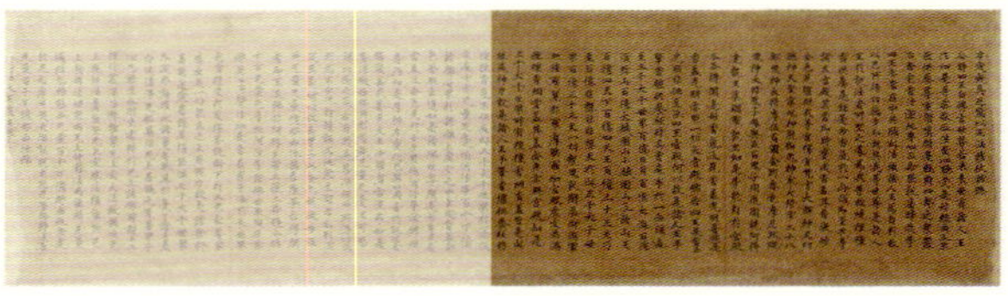

力成就具足能以正法摧伏諸惡
尒時四王白佛言世尊若未來世有諸人王
作如是等恭敬正法至心聽受是妙經典及恭
敬供養尊重讚嘆持是經典四部之衆嚴
治舍宅香汁灑地專心正念聽說法時我等
四王亦當在中共聽此法願諸人王為自利故
以己所得功德少分施與我等世尊是諸人
王於說法者所坐之處為我等故燒種種
香供養是經是妙香氣於一念頃即至我等
諸天宮殿其香即時變成香蓋其香微妙
金色晃曜照我等宮釋宮梵宮大辯神天功
德神天堅牢地神散脂鬼神大將軍二十八
部鬼神大將摩醯首羅金剛密迹摩尼跋陁
鬼神[illegible]

各各得聞是妙香氣及見香蓋光明普照是
香蓋光明亦照一切天宮殿佛告四王是香蓋
光明非但至汝四王宮殿何以故是諸人王手
擎香鑪供養經時其香遍布於一念頃遍
至三千大千世界百億日月百億大海百億
須弥山百億大鐵圍山小鐵圍山及諸山王
百億四天下百億四天王百億三十三天乃
至百億非想非非想天於此三千大千世
界百億三十三天一切龍鬼乾闥婆阿脩羅
迦樓羅緊那羅摩睺羅伽宮殿虛空悉滿
種種香烟雲蓋其蓋金光亦照宮殿如是
三千大千世界所有種種香烟香蓋皆是此
經威神力故是諸人王手擎香爐供養經時

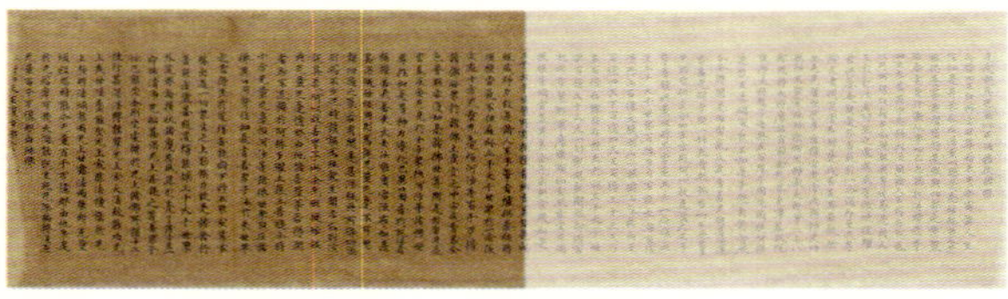

三千大千世界所有種種香烟香蓋皆是此
經威神力故是諸人王手擎香爐供養經時
種種香氣不但遍此三千大千世界於一念頃
亦遍十方无量无邊恒河沙等百千万億
諸佛世界於諸佛上虛空之中亦成香蓋金
色普照亦復如是諸佛世尊聞是妙香見是
香蓋及金色光於十方界恒河沙等諸佛世
尊作如是等神力變化已異口同音於說法者
稱讚善哉善哉大士汝能廣宣流布如是
甚深微妙經典則為成就无量无邊不可思
議功德之聚若有聞是甚深經典所得功德
則為不少況持讀誦為他衆生開示分別演
說其義何以故善男子此金光明微妙經
典无量无邊億那由他諸菩薩等若得聞
者即不退轉於阿耨多羅三藐三菩提是人等

佛異口同聲作如是言善男子汝於來世畢
定當得生於道場菩提樹下於三界最尊最
勝出過一切衆生之上勤脩力故受諸苦行
善能莊嚴菩提道場能壞三千大千世界
外道邪論摧伏諸魔怨賊異形覺了諸法第一
寂滅清淨无垢甚深无上菩提之道善男子
汝已能坐金剛坐處轉於无上諸佛所讚十二
種行甚深法轉能擊无上最大法鼓能吹无
上極妙法蠡能竪无上最勝法幢能然无
上極明法炬能雨无上甘露法雨能斷无量
煩惱怨結能令无量百千万億那由他衆度
於无爲岸可畏大海能脫生死无際輪轉復遇
无量百千万億那由他佛
[illegible]帝[illegible]天王復白佛言

BD00767 妙法蓮華經卷二

（後秦）鳩摩羅什 譯

100.8cm × 27.7cm

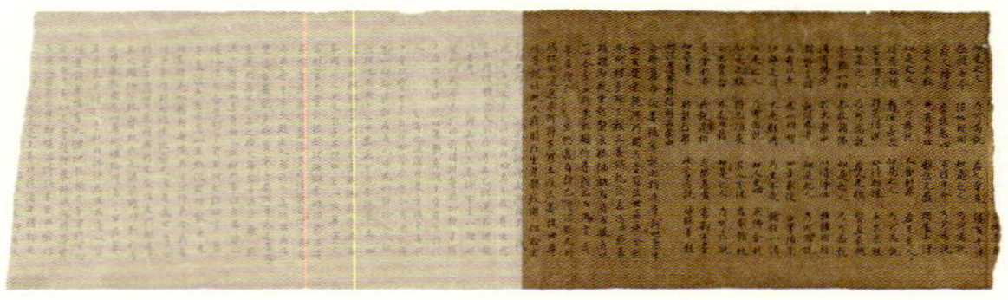

求佛道者
如是之人　乃可為說　若人曾見　億百千佛
殖諸善本　深心堅固　如是之人　乃可為說
若人精進　常脩慈心　不惜身命　乃可為說
若人恭敬　无有異心　離諸凢愚　獨處山澤
如是之人　乃可為說　又舍利弗　若見有人
捨惡知識　親近善友　如是之人　乃可為說
若見佛子　持戒清潔　如淨明珠　求大乘経
如是之人　乃可為說　若人无瞋　質直柔軟
常愍一切　恭敬諸佛　如是之人　乃可為說
復有佛子　於大衆中　以清淨心　種種因緣
譬喻言辭　說法无㝵　如是之人　乃可為說
若有比丘　為一切智　四方求法　合掌頂受

如是之人　乃可為説　如人至心　求佛舍利
如是之經　得已頂受　其人不復　志求餘經
亦未曾念　外道典籍　如是之人　乃可為説
告舍利弗　我説是相　求佛道者　窮劫不盡
如是等人　則能信解　汝當為説　妙法華經

妙法蓮華經信解品第四

尒時慧命須菩提摩訶迦栴延摩訶迦葉摩
訶目揵連從佛所聞未曾有法世尊授舍利
弗阿耨多羅三藐三菩提記發希有心歡喜
踊躍即從坐起整衣服偏袒右肩右膝著地
一心合掌曲躬恭敬瞻仰尊顔而白佛言我
等居僧之　並朽邁自謂已得涅槃无所
堪任不復進求阿耨多羅三藐三菩提世尊
往昔説法既久我時在坐身體疲懈但念空

堪任不復進求阿耨多羅三藐三菩提世尊
往昔說法既久我時在坐身體疲懈但念空
无相无作〻〻　法遊戲神通淨佛國土成
就衆生心不喜樂所以者何世尊令我等出於
三界得涅槃證又今我等年已朽邁於佛教
化菩薩阿耨多羅三藐三菩提不生一念好
樂之心我等今於佛前聞授聲聞阿耨多羅
三藐三菩提記心甚歡喜得未曾有不謂於
今　希有之法深自慶幸獲大善利
无量珍寶不求自得世尊我等今者樂說譬
喻以明斯義譬若有人年既幼稚捨父逃逝
久住他國或十二十至五十歲年既長大加
復窮困馳騁四方以求衣食漸漸遊行遇向
本國其父先來求子不得中止一城其家大
[illegible]

馬車乘牛羊无數出入息利乃遍他國商估
賈客亦甚衆多時貧窮子遊諸聚落逕歷國
邑遂到其父所止之城父每念子與子離別
五十餘年而未曾向人說如此事但自思惟心
懷悔恨自念老朽多有財物金銀珎寶倉
庫盈溢无有子息一旦終沒財物散失无
所委付是以慇懃每憶其子復作是念我若
得子委付財物坦然快樂无復憂慮世尊尒
時窮子傭賃展轉遇到父舍住立門側遙見
其父踞師子牀寶机承足諸婆羅門剎利居
士皆恭敬圍遶以真珠瓔珞價直千万莊嚴
其身吏民僮僕手執白拂侍立左右覆以寶
帳垂諸華幡香水灑地散衆名華羅列寶物

帳垂諸華幡香水灑地散衆名華羅列寶物
出内取與有如是等種種嚴飾威德特尊窮
子見父有大力勢即懷恐怖悔來至此竊作
是念此或是王或是王等非我傭力得物之
衣食易得若久

BD00768 維摩詰所説經卷下

（後秦）鳩摩羅什 譯

772cm × 27cm

方…
天子皆…
心供養…目見
時維摩詰問…菩薩言諸仁…致彼佛
飯以文殊師利威…神力故咸皆嘿然維摩詰言
仁者此諸大衆无乃可耻文殊師利曰如佛所
言勿輕未學於是維摩詰不起于座居衆會
前化作菩薩相好光明威德殊勝蔽於衆會而
告之曰汝往上方界分度如卌二恒河沙佛土有
國名衆香佛号香積與諸菩薩方共坐食
汝往到…如我…維摩詰稽首世尊足
下致敬无量…訖起居少病…安不
願得世尊所食之餘當於娑婆世界施作佛

事令此樂小法者得弘大道亦使如來名聲
普聞時化菩薩即於會前昇于上方舉衆皆
見其去到衆香界禮彼佛足又聞其言維摩
詰稽首世尊足下致敬无量問訊起居少病
少惱氣力安不願得世尊所食之餘欲於娑
婆世界施作佛事使此樂小法者得弘大道
亦使如來名聲普聞彼諸大士見化菩薩歎
未曾有今此上人從何所來娑婆世界為在
何許云何名為樂小法者即以問佛佛告之
曰下方度如卌二恒河沙佛土有世界名娑
婆佛号釋迦牟尼今現在於五濁惡世為樂
小法衆生敷演道教彼有菩薩名維摩詰
住不可思議解脫為諸菩薩說法故遣化來稱
揚我名并讚此土令彼菩薩增益功德彼菩

住不可思議解脫為諸菩薩說法故遣化來稱
揚我名并讚此土令彼菩薩增益功德彼菩
薩言其人何如乃作是化德力無畏神足若斯
佛言甚大一切十方皆遣化往施作佛事饒
益眾生於是香積如來以眾香鉢盛滿香飯
與化菩薩時彼九百萬菩薩俱發聲言我欲
詣娑婆世界供養釋迦牟尼佛并欲見維摩
詰等諸菩薩佛言可往攝汝身香無令彼眾
生起惑著心又當捨汝本形勿使彼國求菩
薩者而自鄙恥又汝於彼莫懷輕賤而作礙
想所以者何十方國土皆如虛空 諸佛為
欲諸樂小法者不盡現其清淨土耳時化菩
薩既受鉢飯與彼九百萬菩薩俱承佛威神

維摩詰舍維摩詰即化作九百萬師子之
座嚴好如前諸菩薩皆坐其上化菩薩以滿
鉢飯與維摩詰飯香普熏毗耶離城及三千大
千世界時毗耶離婆羅門居士等聞是香氣
身意快然歎未曾有於是長者主月蓋從
八萬四千人来入維摩詰舍見其室中菩薩
甚多諸師子座高廣嚴好皆大歡喜礼衆菩薩
及大弟子却住一面諸地神虛空神及欲色
界諸天聞此香氣亦皆来入維摩詰舍時
維摩詰語舍利弗等諸大聲聞仁者可食如
来甘露味飯大悲所熏无以限意食之使不消
也有異聲聞念是飯少而此大衆人人當食
化菩薩曰勿以聲聞小德小智稱量如来无量
福慧四海有竭此飯无盡使一切人食摶若

化菩薩曰勿以聲聞小德小智稱量如来无量
福慧四海有竭此飯无盡使一切人食摶若
須彌乃至一劫猶不能盡所以者何无盡戒
定智慧解脫解脫知見功德具足者所食之
餘終不可盡於是鉢飯悉飽衆會猶故不賜
其諸菩薩聲聞天人食此飯者身安快樂
譬如一切樂莊嚴國諸菩薩也又諸毛孔皆出
妙香亦如衆香國土諸樹之香爾時維摩詰
問衆香菩薩香積如来以何說法彼菩薩曰
我土如来无文字說但以衆香令諸天人得
入律行菩薩各各坐香樹下聞斯妙香即獲
一切德藏三昧得是三昧者菩薩所有功德皆
悉具足彼諸菩薩問維摩詰今世尊釋迦牟
尼以何說法維摩詰言

佛為說剛強之語以調伏之言是地獄是畜
生是餓鬼是諸難處是愚人生處是身邪行
是身邪行報是口邪行是口邪行報是意邪
行是意邪行報是殺生是殺生報是不與取
是不與取報是邪婬是邪婬報是妄語是妄
語報是兩舌是兩舌報是惡口是惡口報是
无義語是无義語報是貪嫉是貪嫉報是瞋
惱是瞋惱報是邪見是邪見報是慳悋是慳
悋報是毀戒是毀戒報是瞋恚是瞋恚報是懈
怠是懈怠報是亂意是亂意報是愚癡是愚
癡報是結戒是持戒是犯戒是應作是不應
作是鄣礙是不鄣礙是得罪是離罪是淨是
垢是有漏是无漏是邪道是正道是有為是
无為是世間是涅槃以難化之人心如猨猴

垢是有漏是无漏是邪道是正道是有為是
无為是世間是涅槃以難化之人心如猨猴故
以若干種法制御其心乃可調伏譬如象馬𢤱
悷不調加諸楚毒乃至徹骨然後調伏
如是剛强難化衆生故以一切苦切之言乃可
入律彼諸菩薩聞說是已皆曰未曾有也如
世尊釋迦牟尼佛隱其无量自在之力乃以
貧所樂法度脫衆生斯諸菩薩亦能勞謙以
无量大悲生是佛土維摩詰言此土菩薩於
諸衆生大悲堅固誠如所言然其一世饒益
衆生多於彼國百千劫行所以者何此娑婆
世界有十事善法諸餘淨土之所无有何等
為十以布施攝貧窮以淨戒攝毀禁以忍辱攝
瞋恚以精進攝懈怠以禪定攝亂意

慧攝愚癡說除難法度八難者以大乘法
度樂小乘者以諸善根濟无德者常以四攝成
就衆生是為十彼菩薩曰菩薩成就幾法於
此世界行无瘡疣生于淨土維摩詰言菩薩
成就八法於此世界行无瘡疣生于淨土何等
為八饒益衆生而不望報代一切衆生受諸
苦惱所作功德盡以施之等心衆生謙下无
礙於諸菩薩視之如佛所未聞經聞之不疑
不與聲聞而相違背不嫉彼供不高己利而
於其中調伏其心常省己過不訟彼短恒以
一心求諸功德是為八維摩詰文殊師利於
大衆中說是法時百千天人皆發阿耨多羅
三藐三菩提心十千菩薩得无生法忍
菩薩行品第十一

菩薩行品第十一
是時佛說法於菴羅樹園其地忽然廣博嚴
事一切衆會皆作金色阿難白佛言世尊以
何因緣有此瑞應是處忽然廣博嚴事一切
衆會皆作金色佛告阿難是維摩詰文殊師
利與諸大衆恭敬圍繞發意欲来故先為此
瑞應於是維摩詰語文殊師利可共見佛與
諸菩薩礼事供養文殊師利言善哉行矣今
正是時維摩詰即以神力持諸大衆并師子
座置於右掌往詣佛所到已著地稽首佛足
右繞七帀一心合掌在一面立其諸菩薩即
皆避座稽首佛足亦繞七帀於一面立諸大
弟子釋梵四天王等亦皆避座稽首佛足在

菩薩大士自在神力之所為乎唯然已見於汝
意云何世尊我覩其為不可思議非意所圖
非度所測尒時阿難白佛言世尊今所聞香
自昔未有是為何香佛告阿難是彼菩薩毛
孔之香於是舍利弗語阿難言我等毛孔亦
出是香阿難言此所從來曰是長者維摩詰
從衆香國取佛餘飯於舍食者一切毛孔皆
香若此阿難問維摩詰是香氣住當久如維
摩詰言至此飯消曰此飯久如當消曰此飯
勢力至于七日然後乃消又阿難若聲聞人
未入正位食此飯者得入正位然後乃消已
入正位食此飯者得心解脱然後乃消若未
發大乘意食此飯者至發意乃消已發意食

發大乘意食此飯者至發意乃消已發意食
此飯者得无生忍然後乃消已得无生忍食
食此飯者至一生補處然後乃消譬如有藥名曰
上味其有服者身諸毒滅然後乃消此飯如
是滅除一切諸煩惱毒然後乃消阿難白佛言
未曾有也世尊如此香飯能作佛事佛言如是
如是阿難或有佛土以佛光明而作佛事有以
諸菩薩而作佛事有以佛所化人而作佛事
有以菩提樹而作佛事有以佛衣服臥具而
作佛事有以飯食而作佛事有以園林臺觀
而作佛事有以卅二相八十隨形好而作佛事有
以佛身而作佛事有以虛空而作佛事衆生
應以此緣得入律行有以夢幻影響鏡中像

漠无言无說无示无識无作无為而作佛事
如是阿難諸佛威儀進止諸所施為无非佛事
阿難有此四魔八萬四千諸煩惱門而諸衆
生為之疲勞諸佛即以此法而作佛事是名
入一切諸佛法門菩薩入此門者若見一切
淨妙佛土不以為喜不貪不高若見一切不
淨佛土不以為憂不礙不沒但於諸佛生清
淨心歡喜恭敬未曾有也諸佛如來功德平
等為教化衆生故而現佛土不同阿難汝見
諸佛國土地有若干而虛空无若干也如是見
諸佛色身有若干耳其无礙慧无若干也
阿難諸佛色身威相種姓戒定智慧解脫解
脫知見力无所畏不共之法大慈大悲威儀

阿難諸佛色身威神種姓戒定智慧解脫解
脫知見力無所畏不共之法大慈大悲威儀
所行及其壽命說法教化成就衆生淨佛國
土具諸佛法悉皆同等是故名為三藐三佛
陀名為多陀阿伽度名為佛陀阿難若我
廣說此三句義汝以劫壽不能盡受正使三
千大千世界滿中衆生皆如阿難多聞第一
得念惣持此諸人等以劫之壽亦不能受如
是阿難諸佛阿耨多羅三藐三菩提無有限
量智慧辯才不可思議阿難白佛言我從今已
往不敢自謂以為多聞佛告阿難勿起退意
所以者何我說汝於聲聞中為最多聞非謂
菩薩且止阿難其有智者不應限度諸菩
薩也一切海[illegible]

辯才一切功德不可量也阿難汝等捨置菩
薩所行是維摩詰一時所現神通之力一切
聲聞辟支佛於百千劫盡力變化所不能作
尒時衆香世界菩薩来者合掌白佛言世
尊我等初見此土生下劣想今自悔責捨離
是心所以者何諸佛方便不可思議為度衆生
故隨其所應現佛國異唯然世尊願賜少法
還於彼土當念如来佛告諸菩薩有盡无盡
觧脫法門汝等當學何謂為盡謂有為法何
謂无盡謂无為法如菩薩者不盡有為不住
无為何謂不盡有為謂不離大慈不捨大悲
深發一切智心而不忽忘教化衆生終不厭惓
於四攝法常念順行護持正法不惜軀命
種諸善根无有疲猒志常安住方便迴向求

種諸善根无有疲猒志常安住方便迴向求
法不懈說法无悋勤供養諸佛故入生死而无
所畏於諸榮辱心无憂喜不輕未學敬學如
佛墮煩惱者令發正念於遠離樂不以為貴
不著己樂慶於彼樂在諸禪定如地獄想於
生死中如園觀想見來求者為善師想捨諸
所有具一切智想見毀戒人起救護想諸波
羅蜜為父母想道品之法為眷屬想發行善
根无有齊限以諸淨國嚴飾之事成己佛土
行不限施具足相好除一切惡身口意淨故
生死无數劫意而有勇聞佛无量德志而不
惓以智慧劍破煩惱賊出陰界入荷負衆生
永使解脫以大精進摧伏魔軍常求无念實
相智慧行少欲知足而不捨世法不壞威儀

而能隨俗起神通慧引導衆生得念總
持所聞不忘善別諸根斷衆生疑以樂說
辯演法无礙淨十善道受人天福脩四无
量開梵天道勸請說法隨喜讚善得佛音
聲身口意善得佛威儀深脩善法所行轉
勝以大乘教成菩薩僧心无放逸不失衆善
行如此法是名菩薩不盡有爲何謂菩薩
不住无爲謂脩學空不以空爲證脩學无相
无作不以无相无作爲證脩學无起不以无
起爲證觀於无常而不猒善本觀世間苦而
不惡生死觀於无我而誨人不惓觀於寂滅
而不永寂滅觀於遠離而身心脩善觀无所
歸而歸趣善法觀於无生而以生法荷負一切
觀於无漏而不斷諸漏觀无所行而以行法

歸而歸趣善法觀於无生而以生法荷負一切
觀於无漏而不斷諸漏觀无所行而以行法
教化衆生觀於空无而不捨大悲觀正法位
而不隨小乘觀諸法虛妄无牢无人无主无
相本願未滿而不虛福德禪定智慧脩如此
法是名菩薩不住无為又具福德故不住无
為具智慧故不盡有為大慈悲故不住无
為滿本願故不盡有為集法藥故不住无為
隨授藥故不盡有為知衆生病故不住无為
滅衆生病故不盡有為諸正士菩薩已脩此法不
盡有為不住无為是名盡无盡解脫法門汝
等當學尒時彼諸菩薩聞說是法皆大歡
喜以衆妙華若干種色若干種香散遍三千
大千世界供養於佛及其經法并諸菩薩已

此善行方便言已忽然不現還到彼國
見阿閦佛品第十二
尒時世尊問維摩詰汝欲見如來為以何等
觀如來乎維摩詰言如自觀身實相觀佛亦
然我觀如來前際不來後際不去今則不住
不觀色不觀色如不觀色性不觀受想行識
不觀識如不觀識性非四大起同於虛空六
入无積眼耳鼻舌身心已過不在三界三垢
已離順三脫門三明與无明等不一相不異
相不自相不他相非无相非取相不此岸不
彼岸不中流而化衆生觀於寂滅亦不永滅
不此不彼不以此不以彼不可以智知不可
以識識无晦无明无名无相无强无弱非淨

以識識无晦无明无名无相无彊无弱非淨
非穢不在方不離方非有為非无為无示无
說不施不慳不戒不犯不忍不恚不進不怠
不定不亂不智不愚不誠不欺不来不去不
出不入一切言語道斷非福田非不福田非應
供養非不應供養非取非捨非有相非无相
同真際等法性不可稱不可量過諸稱量非
大非小非見非聞非覺非知離衆結縛等諸智
同衆生於諸法无分別一切无失无濁无惱无作
无起无生无滅无畏无憂无喜无猒无著无已
有无當有无今有不可以一切言說分別顯
示世尊如来身為若此作如是觀以斯觀者
名為正觀若他觀者名為邪觀
尒時舍利弗問維摩詰汝於何沒而来生此

維摩詰言汝所得法有没生乎舍利弗言无
没生也若諸法无没生相云何問言汝於何
没而來生此於意云何譬如幻師幻作男女
寧没生耶舍利弗言无没生也汝豈不聞佛
說諸法如幻相乎答曰如是若一切法如幻相
者云何問言汝於何没而來生此舍利弗
没者為虛誑法壞敗之相生者為虛誑法相
續之相菩薩雖没不盡善本雖生不長諸惡
是時佛告舍利弗有國名妙喜佛号无動是
維摩詰於彼國没而來生此舍利弗言未曾
有也世尊是人乃能捨清淨佛土而來樂此
多怒害處維摩詰語舍利弗於意云何日光
出時與冥合乎答曰不也日光出時則无衆
冥維摩詰言夫日何故行閻浮提答曰欲以

出時與冥合手荅曰不也日光出時則无衆
冥維摩詰言夫日何故行閻浮提荅曰欲以
明照為之除冥維摩詰言菩薩如是雖生
不淨佛土為化衆生不與愚闇而共合也但滅
衆生煩惱闇耳
是時大衆渴仰欲見妙喜世界不動如來及
其菩薩聲聞之衆佛知一切衆會所念告維
摩詰言善男子為此衆會現妙喜國不動
如來及諸菩薩聲聞之衆悉皆欲見於是
維摩詰心念吾當不起于座妙喜國鐵圍山
川溪谷江河大海泉源須弥諸山及日月星宿
天龍鬼神梵天等宮并諸菩薩聲聞之衆城
邑聚落男女大小乃至无動如來及菩提樹

[illegible]
礼敬无動如来聽受經法閻浮提人亦登其階
上昇忉利見彼諸天妙喜世界成就如是无
量功德上至阿迦膩吒天下至水際以右手斷
取如陶家輪入此世界猶持華鬘示一切衆
作是念已入於三昧現神通力以其右手斷
取妙喜世界置於此土彼得神通菩薩及聲
聞衆并餘天人俱發聲言唯然世尊誰取我
去願見救護无動佛言非我所為是維摩詰
神力所作其餘未得神通者不覺不知已
之所往妙喜世界雖入此土而不增減於是
世界亦不迫隘如本无異
尒時釋迦牟尼佛告諸大衆汝等且觀妙喜
世界无動如来其国嚴飾菩薩行淨弟子清

尒時釋迦牟尼佛告諸大衆汝等且觀妙喜
世界无動如来其國嚴飾菩薩行淨弟子清
白皆曰唯然已見佛言若菩薩欲得如是清
淨佛土當學无動如来所行之道現此妙喜
國時娑婆世界十四那由他人發阿耨多羅三
藐三菩提心皆願生於妙喜佛土釋迦牟尼
佛即記之曰當生彼國時妙喜世界於此國
土所應饒益其事訖已還復本處舉衆皆
見佛告舍利弗汝見此妙喜世界及无動佛
不唯然已見世尊願使一切衆生得清淨土
如无動佛獲神通力如維摩詰世尊我等快
得善利得見是人親近供養其諸衆生若今
現在若佛滅後聞此經者亦得善利況得聞
已信解受持讀誦解說如法修行若有手得

釋其義如說脩行則為諸佛之所護念其有
供養如是人者當知則為供養於佛其有書
持此經卷者當知其室則有如來若聞是經
能隨喜者斯人則為取一切智若能信解此
經乃至一四句偈為他說者當知此人即是
受阿耨多羅三藐三菩提記
法供養品第十三
尒時釋提桓因於大衆中白佛言世尊我雖
從佛及文殊師利聞百千經未曾聞此不可
思議自在神通決定實相經典如我解佛所說
義趣若有衆生聞是經法信解受持讀誦
之者必得是法不疑何況如說脩行斯人則為
閉衆惡趣開諸善門常為諸佛之所護念

聞衆悉趣閈諸善門常為諸佛之所護念
降伏外學摧滅魔怨脩治菩提安處道場
履踐如来所行之跡世尊若有受持讀誦如說
脩行者我當與諸眷屬供養給事所在聚落
城邑山林曠野有是經處我亦與諸眷屬聽受
法故共到其所其未信者當令生信其已信
者當為作護佛言善哉善哉天帝如汝所
說吾助尒喜此經廣說過去未来現在諸佛
不可思議阿耨多羅三藐三菩提是故天帝
若善男子善女人受持讀誦供養是經者則
為供養去来今佛天帝正使三千大千世界
如来滿中譬如甘蔗竹葦稻麻叢林若有善
男子善女人或一劫或減一劫恭敬尊重讚
歎供養[illegible]

[illegible]高至梵天表
剎莊嚴以一切華香瓔珞幢幡伎樂微妙第
一若一劫若減一劫而供養之於天帝意云
何其人植福寧為多不釋提桓因言多矣
世尊彼之福德若以百千億劫說不能盡佛告
天帝當知是善男子善女人聞是不可思議
解脫經典信解受持讀誦脩行福多於彼所
以者何諸佛菩提皆從是生菩提之相不可
限量以是因緣福不可量
佛告天帝過去无量阿僧祇劫時世有佛号
曰藥王如來應供正遍知明行足善逝世間
解无上士調御丈夫天人師佛世尊世界曰
大莊嚴劫曰莊嚴佛壽廿小劫其聲聞僧卅
六億那由他菩薩僧有十二億天帝是時有

大莊嚴劫曰莊嚴佛壽廿小劫其聲聞僧卅
六億那由他菩薩僧有十二億天帝是時有
轉輪聖王名曰寶蓋七寶具足王四天下王有
千子端正勇健能伏怨敵尒時寶蓋與其眷
屬供養藥王如來施諸所安至滿五劫過五
劫已告其千子汝等亦當如我皆以深心供
養於佛於是千子受父王命供養藥王如來
復滿五劫一切施安其王一子名曰月蓋獨坐
思惟寧有供養殊過此者以佛神力空中有
天曰善男子法之供養勝諸供養即問何謂
法之供養天曰汝可往問藥王如來當廣為
汝說法之供養即時月蓋王子行詣藥王如
來稽首佛足却住一面白佛言世尊諸供養

佛所說深經一切世間難信難受
微妙難見清淨无染非但分別思惟之所能
得菩薩法藏所攝陁羅尼印印之至不退轉
成就六度善分別義順菩提法衆經之上入
大慈悲離衆魔事及諸邪見順因緣法无我
无人无衆生无壽命空无相无作无起能令
衆生坐於道場而轉法輪諸天龍神乹闥婆
等所共歎譽能令衆生入佛法藏攝諸賢聖
一切智慧說衆菩薩所行之道依於諸法實
相之義明宣无常苦空无我寂滅能救一切毀
禁衆生諸魔外道及貪著者能使怖畏諸
佛賢聖所共稱歎背生死苦示涅槃樂十方
三世諸佛所說若聞如是等經信解受持讀
誦以方便力為諸衆生分別解說顯示分明

誦以方便力爲諸衆生分別解説顯示分明
守護法故是名法之供養又於諸法如説脩
行隨順十二因緣離諸邪見得无生忍決定
无我无有衆生而於因緣果報无違无諍離
諸我所依於義不依語依於智不依識依了
義經不依不了義經依於法不依人隨順法
相无所入无所歸无明畢竟滅故諸行亦畢
竟滅乃至生畢竟滅故老死亦畢竟滅作如
是觀十二因緣无有盡相不復起見是名最
上法之供養
佛告天帝王子月蓋從藥王佛聞如是法得
柔順忍即解寶衣嚴身之具以供養佛白佛
言世尊如來滅後我當行法供養守護正法

行佛知其深心所念而記之曰汝於末後守
護法城天帝時王子月蓋見法清淨聞佛受
記以信出家脩集善法精進不久得五神通
成菩薩道得陁羅尼无斷辯才於佛滅後以
其所得神通惣持辯才之力滿十小劫藥王如
来所轉法輪隨而分布月蓋比丘以守護法
勤行精進即於此身化百万億人於阿耨多
羅三藐三菩提立不退轉十四那由他人深發
聲聞辟支佛心无量衆生得生天上天帝時
王寶蓋豈異人乎今現得佛号寶炎如来其
王千子即賢劫中千佛是也從迦羅鳩孫大
爲始得佛㝡後如来号曰樓至月蓋比丘則
我身是如是天帝當知此要以法供養於諸
供養爲上爲㝡第一无比是故天帝當以法

供養為上為最第一无比是故天帝當以法
之供養供養於佛

囑累品第十四

於是佛告弥勒菩薩言弥勒我今以是无量
億阿僧祇劫所集阿耨多羅三藐三菩提法
付囑於汝如是輩經於佛滅後末世之中汝
等當以神力廣宣流布於閻浮提无令斷絕
所以者何未來世中當有善男子善女人及天
龍鬼神乾闥婆羅剎等發阿耨多羅三藐
三菩提心樂于大法若使不聞如是等經則
失善利如此輩人聞是等經必多信樂發希
有心當以頂受隨諸眾生所應得利而為廣
說弥勒當知菩薩有二相何謂為二一者好

於如是无染无著甚深經典无有恐畏能入其
中聞已心淨受持讀誦如說修行當知是
爲久修道行彌勒復有二法名新學者不
能決定於甚深法何等爲二一者所未聞深
經聞之驚怖生疑不能隨順毀謗不信而作
是言我初不聞從何所來二者若有護持解脫
如是深經者不能親近供養恭敬或時於中
說其過惡有此二法當知是新學菩薩爲
自毀傷不能於深法中調伏其心彌勒復有
二法菩薩雖信解深法猶自毀傷而不能得无
生法忍何等爲二一者輕慢新學菩薩而无
教誨二者雖解深法而取相分別是爲二法
彌勒菩薩聞說是已白佛言世尊未曾有也

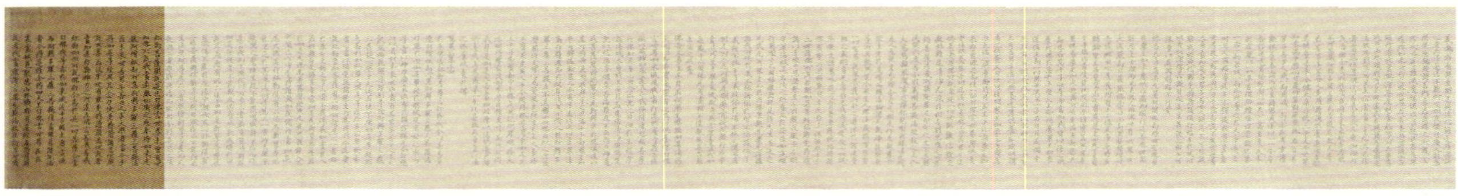

弥勒菩薩聞說是已白佛言世尊未曾有也
如佛所說我當遠離如斯之惡奉持如来无
數阿僧祇劫所集阿耨多羅三藐三菩提法
若未来世善男子善女人求大乘者當令手
得如是等經與其念力使受持讀誦為他廣
說世尊若後末世有能受持讀誦為他說者
當知是弥勒神力之所建立佛言善哉善哉
弥勒如汝所說佛助尒喜於是一切菩薩合掌
白佛我等亦於如来滅後十方國土廣宣流
布阿耨多羅三藐三菩提復當開導諸說法
者令得是經尒時四天王白佛言世尊在在
處處城邑聚落山林曠野有是經卷讀誦解
說者我當率諸官屬為聽法故往詣其所擁

BD00769 四分律戒本疏卷三

沙門慧 述

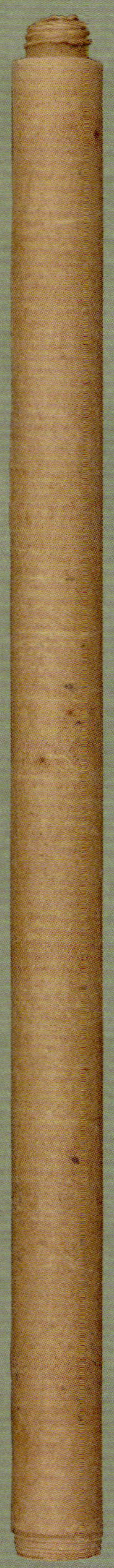

88.3cm × 27cm

[illegible]合有四句一者犯人二者別[illegible]
開緣四結犯罪下言餘時謂前弟三句一言若比丘者義如上釋
二言別衆食律云若四人若過四人名衆食者飯麨乾飯等
三四兩句可知言餘時者謂前弟三開緣言病時作衣施衣時
此三緣如前戒說弟四言道行時者律云下至半由旬內有來去者
仏聽食別弟五言乘船時者下至半由旬 乘上下者是弟六言大衆
集時八人已上名為大衆食无信供又是難得開使不犯 已下小衆食
雖難得容有兼濟故亦開又言大衆者四人已上名為大衆故律云
乞食四人長一人為患乃至百人長一人為患此是兩家聚落東家限与
四人西家局与一人彼此二家施心限局各不相雖餘受乞食復是難得
若不開者西家一人与東四人作患由是患故開使不犯此頭舉患以開不患
如是乃至百人長人為患者但使食難得悉皆不犯故云大衆集時弟
七言沙門施食時者律云諸外道中出家者是名沙門施食緣如律
中廣明說准此而言比丘施食不開別衆祇律云比丘无別衆食緣當言
我於此別衆食无緣應求者若二三人隨意食若四人應作二部更互
入食律云為攝難調人故制不聽別衆食若依多論界內不集亦
名別衆若作四相有客比丘來遮不聽入名是別衆食若不依僧次差

過以非一家故善見云人各別乞至同一處一時受皆犯二各各去一時受
各受食犯小罪三各去各受各食不犯四若一人買餅不食待餘二人食竟
後一人食不犯多論三比丘一往心三人在內一在界外三是大僧一是沙彌
悉皆不犯不成別衆不相足數故又有四句一食主是一主盡集乞過二食
二食一受三彼此乃異故不犯三食別受一前後食故不犯四食別受
別彼此二衆互請一人不犯善見五種足之四不犯一不請足之四施主別請
四人一人不去臨中乞食比丘至彼依次与沙彌[食三]足之四已盡互足之四別請四
四人三人身至一人畜請五病人足之四狂等三病並非別衆食皆不犯
取歸婦價客道糧過三鉢第卅四　制意者然歸婦價客擔去塗
糧施諸比丘理宜將護依限而取今乃過取三鉢令食罄盡長貪遠
教損惱不輕故所以制　別緣具五一歸婦食價客道糧二知是三無因緣
除有病緣不犯四取過三盃五出門便犯已下正明戒本此戒因乞食比丘
從彼歸婦取塗糧又從高客數乞因起過失佛便制戒　若比丘至白衣
家請與比丘餅麨欲者比丘須者當取二三鉢受還至僧伽藍中應分與
餘比丘食若比丘無病過兩三鉢受持還僧伽藍中不分與餘比丘食者波
逸提　此滿足之戒本文有五三句一犯人二開受三齊食七方執若無病已

逸提　此滿足戒本文有五三句一犯人二辨受分齊食已方說若无病已
下過取遠教結罪初句可知第二句中文有三節初施塗糧二若比丘下教
受分齊將以辨齊三者為令施主獲又報之福名令比丘資身長道三眾
僧伽藍下教食之方法第三句文上第二辨受等文　并相中初句可知如上
二句中言白衣家者律云有男有女故曰言與餅麨飯者是五正食言
三鉢受者是教受分齊多論云若上鉢取一鉢无罪取兩鉢犯中鉢
取二不犯三乃便犯下鉢取三不犯四鉢者犯文云過三鉢者就下鉢為言
第二言无病者是開緣律云為不能一坐好食飽足故聽不犯言過受犯
提者是第三結犯句律云若一人取過三鉢前三人不犯以不過限故後一
人犯以前三人語莫持來而往取過在後人出彼門限即犯提罪若方便欲持
吉羅五分云過受不分比丘食俱犯提罪四分過受犯提不分故吉祇云女人
價客去後不犯律云不犯者若兩三鉢受若病過受若問已共分若彼自
送僧寺若送居寺俱受不犯　足食戒第卅五　制意者凡食以充軀為
用過則長貪少復不足事須節量但四大身方報有強弱致聖將補有
四種之差始於一鉢終至佐餘食法咸是節量隨根之法令第四人不殘
法弄食五正長貪妨道遠教懸深故所以制　別緣有五一是足食二足食
想三捨威儀四无因緣除有病及作殘法因緣不犯五更隨犯　已下四明

有三句一犯人二食足三遠犯結罪初句可知二足之食中文二初食竟者律
云謂足之緣有五一知是飯善知五正食犯足之非正不犯足之三知持來知彼与
我持來境多是足三知遮五正食聖制不聽一日兩時飽食故曰知遮即知
前坐食多堪飽鄣於一日中少食不鄣故曰知遮四知威儀知行住坐卧四儀
隨壞一一犯足之故五知捨威儀若坐牀而食前境堪足忽低頭取之復亦離牀
々例故曰捨威儀具此五緣即名食竟言或特受請者五謂受檀越食五處
成足之故第三句言不作餘食法者此是開緣律云若比丘食未足應持食對前
比丘言我足食已大德知是看是我作殘食法彼應取少食已當語彼言我以
汝取食之々言而者波逸提是遠犯結罪故律云足食已捨威儀不作餘法後若食
而不而咽々犯墮五分云不作殘食法足々犯提　律云不犯者食作非食想不受作
餘食法非食不作若病不作法病人殘不作法若已作餘食法一切不犯
勸足食戒第卅六　制意者然出家之人理須量物[illegible]
[illegible]以勸人令他得罪已自[illegible]

BD00770 妙法蓮華經（八卷本）卷五

（後秦）鳩摩羅什 譯

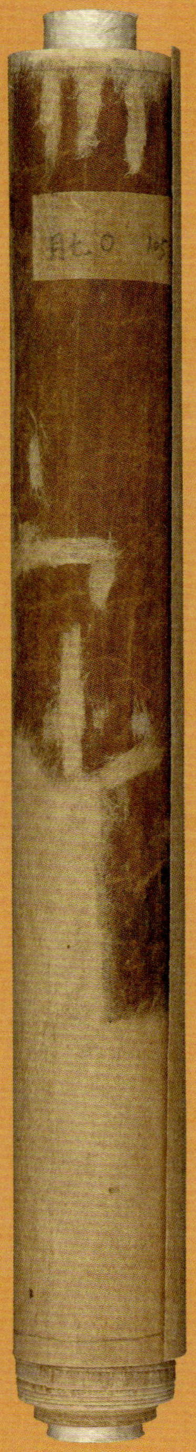

476.8cm × 26cm

一心念
是則大利　安樂供養
能演說斯　妙法華經　心
亦无憂愁　及罵詈者　又无怖畏　加
亦无擯出　安住忍故　智者如是
能住安樂　如我上說　其人功德　千万億劫
筭數譬喻　說不能盡
又文殊師利菩薩摩訶薩於後末世法欲滅
時受持讀誦斯經典者无懷嫉妬諂誑之心
亦勿輕罵學佛道者求其長短若比丘比丘
尼優婆塞優婆夷求聲聞者求辟支佛者求
菩薩道者无得惱之令其疑悔語其人言汝
等去道甚遠終不能得一切種智所以者何

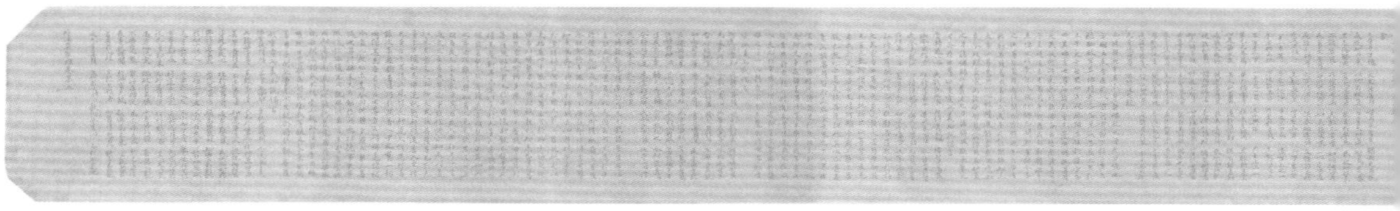

諸如来起慈父想於諸菩薩起大師想於十
方諸大菩薩常應深心恭敬礼拜於一切衆
生平等說法以順法故不多不少乃至深愛
法者亦不為多說文殊師利是菩薩摩訶薩
於後末世法欲滅時有成就是第三安樂行
者說是法時无能惱亂得好同學共讀誦是
經亦得大衆而来聽受聽已能持持已能誦
誦已能說說已能書若使人書供養經卷恭
敬尊重讚嘆尒時世尊欲重宣此義而說偈
言
若欲說是經　當捨嫉恚慢　諂誑耶偽心　常脩質直行
不輕蔑於人　亦不戲論法　不令他疑悔　云汝不得佛
是佛子說法　常柔和能忍　慈悲於一切　不生懈怠心

BD00770　妙法蓮華經（八卷本）卷五

是佛子說法　常柔和能忍　慈悲於一切　不生懈怠心
十方大菩薩　愍衆故行道　應生恭敬心　是則我大師
於諸佛世尊　生无上父想　破於憍慢心　說法无鄣㝵
第三法如是　智者應守護　一心安樂行　无量衆所敬
又文殊師利菩薩摩訶薩於後末世法欲滅
時有持是法華經者於在家出家人中生大
慈心於非菩薩人中生大悲心應作是念如
是之人則為大失如来方便隨宜說法不聞
不知不覺不問不信不解其人雖不問不信
不解是經我得阿耨多羅三藐三菩提時隨
在何地以神通力智慧力引之令得住是法
中文殊師利是菩薩摩訶薩於如来滅後有
成就此第四法者說是法時无有過失常為

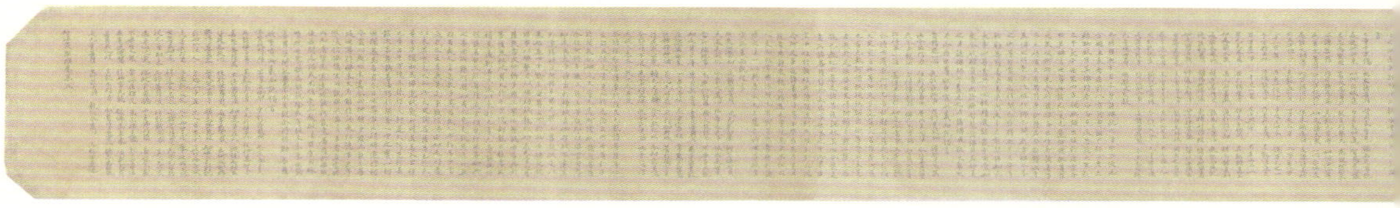

空諸天為聽法故亦常隨侍若在聚落城邑
空閑林中有人来欲難問者諸天晝夜常為
法故而衛護之能令聽者皆得歡喜所以者
何此經是一切過去未来現在諸佛神力所
護故文殊師利是法華經於无量國中乃至
名字不可得聞何況得見受持讀誦文殊師利
譬如強力轉輪聖王欲以威勢降伏諸國而諸
小王不順其命時轉輪王起種種兵而往討罰
王見兵衆戰有功者即大歡喜隨功賞賜或與
田宅聚落城邑或與衣服嚴身之具或與種種
珍寶金銀瑠璃車𤦲馬瑙珊瑚虎珀象馬車乘
奴婢人民唯髻中明珠不以與之所以者何獨
王頂上有此一珠若以與之王諸眷屬必大驚

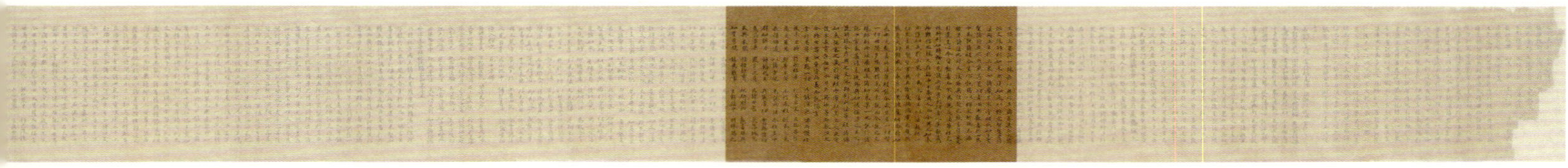

王頂上有此一珠若以與之王諸眷屬必大驚
恠文殊師利如来亦復如是以禪定智慧力得
法國土王於三界而諸魔王不肯順伏如来賢
聖諸将與之共戰其有功者心亦歡喜於四衆
中為說諸經令其心悅賜以禪定解脫无漏
根力諸法之財又復賜與涅槃之城言得滅度
引導其心令皆歡喜而不為說是法華經文
殊師利如轉輪王見諸兵衆有大功者心甚歡喜以
此難信之珠久在髻中不妄與人而今與之如来
亦復如是於三界中為大法王以法教化一
切衆生見賢聖軍與五陰魔煩惱魔死魔共
戰有大功勲滅三毒出三界破魔網尒時如
来亦大歡喜此法華經能令衆生至一切智

說中最為甚深末後賜與如彼強力之王久
護明珠今乃與之文殊師利此法華經諸佛
如來秘密之藏於諸經中最在其上長夜守
護不妄宣說始於今日乃與汝等而敷演之
尒時世尊欲重宣此義而說偈言
常行忍辱　哀愍一切　乃能演說　佛所讚經
後末世時　持此經者　於家出家　及非菩薩
應生慈悲　斯等不聞　不信是經　則為大失
我得佛道　以諸方便　為說此法　令住其中
譬如強力　轉輪之王　兵戰有功　賞賜諸物
象馬車乘　嚴身之具　及諸田宅　聚落城邑
或與衣服　種種珍寶　奴婢財物　歡喜賜與
如有勇健　能為難事　王解髻中　明珠賜之

如有勇健　能為難事　王解髻中　明珠賜之
如來亦尒　為諸法王　忍辱大力　智慧寶藏
以大慈悲　如法化世　見一切人　受諸苦惱
欲求解脫　與諸魔戰　為是衆生　說種種法
以大方便　說此諸經　既知衆生　得其力已
末後乃為　說是法華　如王解髻　明珠與之
此經為尊　衆經中上　我常守護　不妄開示
今正是時　為汝等說　我滅度後　求佛道者
欲得安隱　演說斯經　應當親近　如是四法
讀是經者　常无憂惱　又无病痛　顏色鮮白
不生貧窮　卑賤醜陋　衆生樂見　如慕賢聖
天諸童子　以為給使　刀杖不加　毒不能害
若人惡罵　口則閉塞　遊行无畏　如師子王
智慧光明　如日之照　若於夢中　但見妙事

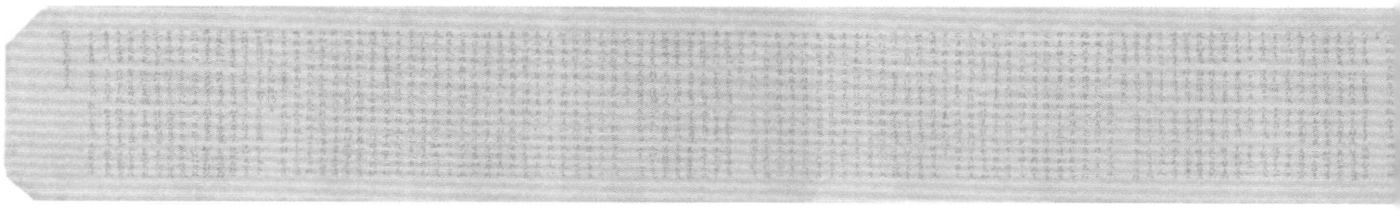

又見龍神　阿脩羅等　數如恒沙　恭敬合掌
自見其身　而為說法　又見諸佛　身相金色
放无量光　照於一切　以梵音聲　演說諸法
佛為四衆　說无上法　見身處中　合掌讚佛
聞法歡喜　而為供養　得陁羅尼　證不退智
佛知其心　深入佛道　即為授記　成㝡正覺
汝善男子　當於来世　得无量智　佛之大道
國土嚴淨　廣大无比　亦有四衆　合掌聽法
又見自身　在山林中　脩習善法　證諸實相
深入禪定　見十方佛
諸佛身金色　百福相莊嚴　聞法為人說　常有是好夢
又夢作國王　捨宮殿眷屬　及上妙五欲　行詣於道場
在菩提樹下　而處師子座　求道過七日　得諸佛之智
成无上道已　起而轉法輪　為四衆說法　經千万億劫

在菩提樹下　而處師子座　求道過七日　得諸佛之智
成无上道已　起而轉法輪　爲四衆說法　逕千万億劫
說无漏妙法　度无量衆生　後當入涅槃　如油盡燈滅
若後惡世中　說是第一法　是人得大利　如上諸功德

妙法蓮華經從地踊出品第十五

尒時他方國土諸来菩薩摩訶薩過八恒河
沙數於大衆中起立合掌作礼而白佛言世
尊若聽我等於佛滅後在此娑婆世界懃加
精進護持讀誦書寫供養是經典者當於此
土而廣說之尒時佛告諸菩薩摩訶薩衆止
善男子不須汝等護持此經所以者何我娑
婆世界自有六万恒河沙等菩薩摩訶薩一
一菩薩各有六万恒河沙眷屬是諸人等能

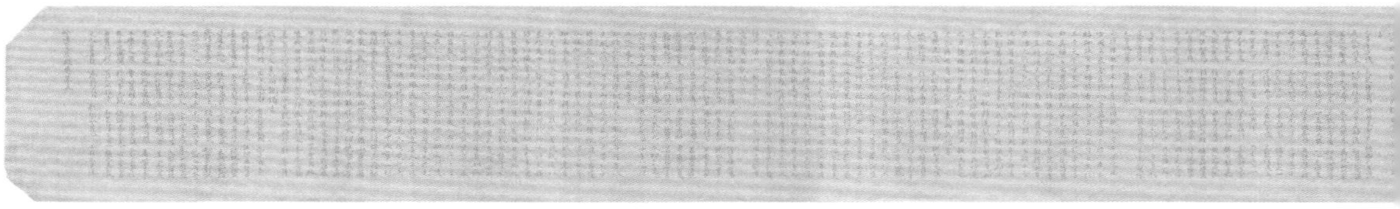

有无量千万億菩薩摩訶薩同時踊出是諸
菩薩身皆金色三十二相无量光明先盡在
此娑婆世界之下此界虚空中住是諸菩薩
聞釋迦牟尼佛所説音聲從下發来一一菩薩
皆是大衆唱導之首各将六万恒河沙眷属
况将五万四万三万二万一万恒河沙等眷
屬者况復乃至一恒河沙半恒河沙四分之
一乃至千万億那由他分之一况復千万億
那由他眷屬况復億万眷屬况復千万百万
乃至一万况復一千一百乃至一十况復将
五四三二一弟子者况復單己樂遠離行如
是等比无量无邊筭數譬喻所不能知是諸
菩薩從地出已各詣虚空七寶妙塔多寶如

菩薩從地出已各詣虛空七寶妙塔多寶如
来釋迦牟尼佛所到已向二世尊頭面礼足
及至諸寶樹下師子座上佛所亦皆作礼右
遶三匝合掌恭敬以諸菩薩種種讚法而以
讚嘆住在一面欣樂瞻仰於二世尊是諸菩
薩摩訶薩從初踊出以諸菩薩種種讚法而
讚於佛如是時間逕五十小劫是時釋迦牟
尼佛嘿然而坐及諸四衆亦皆嘿然五十小
劫佛神力故令諸大衆謂如半日尒時四衆
亦以佛神力故見諸菩薩遍滿无量百千万
億國土虛空是菩薩衆中有四導師一名上
行二名无邊行三名淨行四名安立行是四
菩薩於其衆中最為上首唱導之師在大衆
前各共合掌觀釋迦牟尼佛而問訊

令世尊生疲勞耶尒時四大菩薩而說偈言
世尊安樂　少病少惱　教化衆生　得无疲惓
又諸衆生　受化易不　不令世尊　生疲勞耶
尒時世尊於菩薩大衆中而作是言如是如
是諸善男子如来安樂少病少惱諸衆生等
易可化度无有疲勞所以者何是諸衆生世
世已来常受我化亦於過去諸佛供養尊重
種諸善根此諸衆生始見我身聞我所說即
皆信受入如来慧除先脩習學小乘者如是
之人我今亦令得聞是經入於佛慧尒時諸
大菩薩而說偈言
善哉善哉　大雄世尊　諸衆生等　易可化度
能問諸佛　甚深智慧　聞已信行　我等隨喜

能問諸佛　甚深智慧　聞已信行　我等隨喜

於時世尊讚嘆上首諸大菩薩善哉善哉善男子汝等能於如来發隨喜心尒時弥勒菩薩及八千恒河沙諸菩薩衆皆作是念我等從昔已来不見不聞如是大菩薩摩訶薩衆從地踊出住世尊前合掌供養問訊如来時弥勒菩薩摩訶薩知八千恒河沙諸菩薩等心之所念并欲自決所疑合掌向佛以偈問言

无量千万億　大衆諸菩薩　昔所未曾見　願兩足尊說

是從何所来　以何因縁集　巨身大神通　智慧叵思議

其志念堅固　有大忍辱力　衆生所樂見　為從何所来

一一諸菩薩　所將諸眷屬　其數无有量　如恒河沙等

将五万恒沙　其數過於是　四万及三万　二万至一万
一千一百等　乃至一恒沙　半及三四分　億万分之一
千万那由他　万億諸弟子　乃至於半億　其數復過上
百万至一万　一千及一百　五十與一十　乃至三二一
單己无眷屬　樂於獨處者　俱来至佛所　其數轉過上
如是諸大衆　若人行籌數　過於恒沙劫　猶不能盡知
是諸大威德　精進菩薩衆　誰為其說法　教化而成就
從誰初發心　稱揚何佛法　受持行誰經　脩習何佛道
如是諸菩薩　神通大智力　四方地震裂　皆從中踊出
世尊我昔来　未曾見是事　願說其所從　國土之名字
我常遊諸國　未曾見是事　我於此衆中　乃不識一人
忽然從地出　願說其因緣　今此之大會　无量百千億
是諸菩薩等　皆欲知此事　是諸菩薩衆　本末之因緣

BD00770　妙法蓮華經（八卷本）卷五

是諸菩薩等　皆欲知此事　是諸菩薩衆　本末之因緣
无量德世尊　唯願決衆疑
尒時釋迦牟尼分身諸佛從无量千万億他
方國土来者在於八方諸寶樹下師子座上
結跏趺坐其佛侍者各各見是菩薩大衆於
三千大千世界四方從地踊出住於虚空各
白其佛言世尊此諸无量无邊阿僧祇菩薩
大衆從何所来尒時諸佛各告侍者諸善男
子且待須臾有菩薩摩訶薩名弥勒釋迦牟
尼佛之所受記次後作佛已問斯事佛今答
之汝等自當因是得聞尒時釋迦牟尼佛告
弥勒菩薩善哉善哉阿逸多乃能問佛如是
大事汝等當共一心被精進鎧發堅固意如

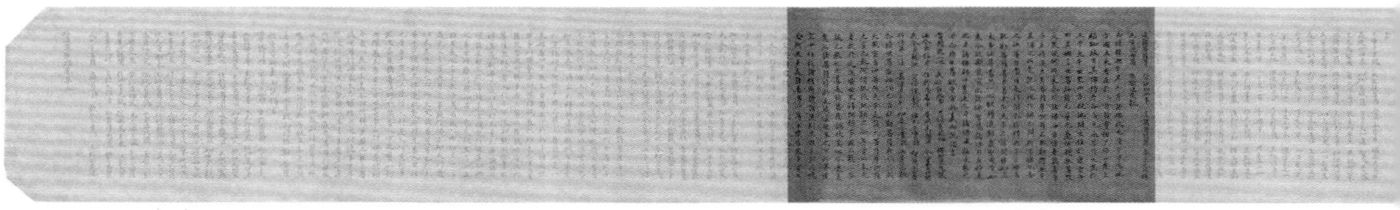

力尒時世尊欲重宣此義而說偈言
當精進一心　我欲說此事　勿得有疑悔　佛智叵思議
汝今出信力　住於忍善中　昔所未聞法　今皆當得聞
我今安慰汝　勿得懷疑懼　佛无不實語　智慧不可量
所得第一法　甚深叵分別　如是今當說　汝等一心聽
尒時世尊說此偈已告弥勒菩薩我今於此
大衆宣告汝等阿逸多是諸大菩薩摩訶薩
无量无數阿僧祇從地踊出汝等昔所未見
者我於是娑婆世界得阿耨多羅三藐三菩
提已教化示導是諸菩薩調伏其心令發道
意此諸菩薩皆於是娑婆世界之下此界虛
空中住於諸經典讀誦通利思惟分別正憶
念阿逸多是諸善男子等不樂在衆多有所

BD00770　妙法蓮華經（八卷本）卷五

念阿逸多是諸善男子等不樂在衆多有所
說常樂靜處懃行精進未曾休息亦不依止
人天而住常樂深智无有鄣㝵亦常樂於諸
佛之法一心精進求无上慧尒時世尊欲重
宣此義而說偈言
阿逸汝當知　是諸大菩薩　從无數劫來　脩習佛智慧
悉是我所化　令發大道心　此等是我子　依止是世界
常行頭陁事　志樂於靜處　捨大衆憒丙　不樂多所說
如是諸子等　學習我道法　晝夜常精進　為求佛道故
在娑婆世界　下方空中住　志方空中住　常懃求智慧
說種種妙法　其心无所畏　我於伽耶城　菩提樹下坐
得成㝡正覺　轉无上法輪　尒乃教化之　令初發道心
今皆住不退　悉當得成佛　我今說實語　汝等一心信

生疑惑怪未曾有而作是念云何世尊於少
時間教化如是无量无邊阿僧祇諸大菩薩
令住阿耨多羅三藐三菩提即白佛言世尊
如来為太子時出於釋城去伽耶城不遠坐
於道場得成阿耨多羅三藐三菩提從是以
来始過四十餘年世尊云何於此少時大作
佛事以佛勢力以佛功德教化如是无量大菩
薩衆當成阿耨多羅三藐三菩提世尊此大
菩薩衆假使有人於千万億劫數不能盡不
得其邊斯等久遠以来於无量无邊諸佛所
殖諸善根成就菩薩道常脩梵行世尊如此
之事世所難信譬如有人色美髮黑年廿五
指百歲人言是我子其百歲人亦指年少言

BD00770　妙法蓮華經（八卷本）卷五

指百歲人言是我子其百歲人亦指年少言
是我父生育我等是事難信佛亦如是得道
以來其實未久而此大衆諸菩薩等已於无
量千万億劫爲佛道故懃行精進善入出住
无量百千万億三昧得大神通久脩梵行善
能次第集諸善法巧於問荅人中之寶一切
世間甚爲希有今日世尊方云得佛道時初
令發心教化示導令向阿耨多羅三藐三菩
提世尊得佛未久乃能作此大功德事我等
雖復信佛隨宜所說佛所出言未曾虛妄佛
所知者皆悉通達然諸新發意菩薩於佛滅
後若聞是語或不信受而起破法罪業因緣
唯然世尊願爲解說除我等疑及未來世諸

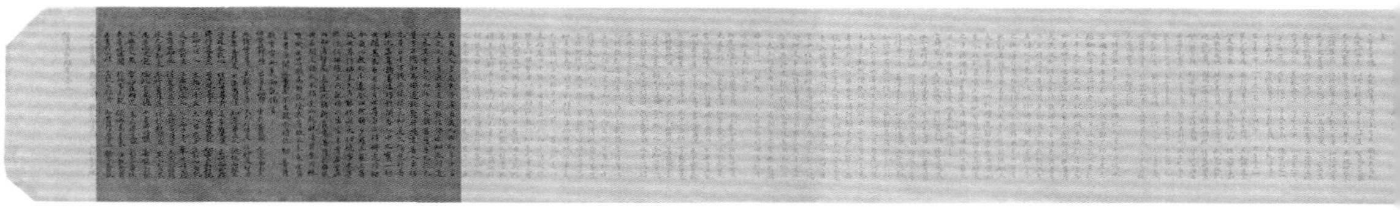

欲重宣此義而說偈言

佛昔從釋種　出家近伽耶　坐於菩提樹　尒来尚未久
此諸佛子等　其數不可量　久已行佛道　住神通智力
善學菩薩道　不染世間法　如蓮華在水　從地而踊出
皆起恭敬心　住於世尊前　是事難思議　云何而可信
佛得道甚近　所成就甚多　願為除衆疑　如實分別說
譬如少壯人　年始二十五　示人百歲子　髮白而面皺
是等我所生　子亦說是父　父少而子老　舉世所不信
世尊亦如是　得道来甚近　是諸菩薩等　志固无怯弱
從无量劫来　而行菩薩道　巧於難問荅　其心无所畏
忍辱心決定　端政有威德　十方佛所讚　善能分別說
不樂在人衆　常好在禪定　為求佛道故　於下空中住
我等從佛聞　於此事无疑　願佛為未来　演說令開解
若有於此經　生疑不信者　即當墮惡道　願今為解說

若有於此經　生疑不信者　即當墮惡道　願今為解說
是无量菩薩　云何於少時　教化令發心　而住不退地

妙法蓮華經卷第五

BD00771 金光明最勝王經卷五

（唐）義净 譯

642cm × 26.5cm

右白毫光
眉細纖長類初月
鼻高脩直如金鋌
一切世間殊妙香
世尊最勝身金色
紺青柔耎右旋文
初誕身有妙光明
能滅三有衆生苦
地獄傍生鬼道中
令彼除滅於衆苦

九轉旋文
平正顯現右
猶如廣大青
譬如紅蓮
右旋宛轉
其色光耀
淨妙光　相
聞時　其一
一一毛端相不殘
微妙光彩難為喻
普照一切十方界
令彼悉蒙安隱樂
阿蘇羅天及人趣
常受自然安隱樂

行步威儀類師子　身光朗耀同初日
辟肘纖長立過膝　狀等垂下娑羅枝
圓光一尋照無邊　赫弈猶如百千日
悉能遍至諸佛剎　隨緣所在覺群迷
淨光明網无倫比　流輝遍滿百千界
普照十方无障礙　一切冥闇悉皆除
善逝慈光能與樂　妙色暉曜等金山
流光悉至百千土　衆生遇者皆出離
佛身成就无量福　一切功德共莊嚴
超過三界獨稱尊　世間殊勝无與等
所有過去一切佛　數同大地諸微塵
未來現在十方尊　亦如大地微塵衆
我以至誠身語意　稽首歸依三世佛
讃歎无邊功德海　種種香花皆供養

我以至誠身語意　稽首歸依三世佛
讚歎无邊功德海　種種香花皆供養
設我口中有千舌　經无量劫讚如來
世尊功德不思議　最勝甚深難可說
假令我舌有百千　讚歎一佛一功德
於中少分尚難知　況諸佛德无邊際
假使大地及諸天　乃至有頂爲海水
可以毛端滴知數　佛一功德其難量
我以至誠身語意　礼讚諸佛德无邊
所有勝福果難思　迴施衆生速成佛
彼王讚歎如來已　倍復深心發弘願
願我當於未來世　生在无量无數劫
夢中常見大金鼓　得聞顯說懺悔音
讚佛功德喻蓮花　願證无生成正覺
諸佛出世時一現　於百千劫甚難逢
夜夢常聞妙鼓音　晝則隨應而懺悔

然後得成无上覺　佛土清淨不思議
以妙金鼓奉如來　并讚諸佛實功德
因斯當見釋迦佛　記我當紹人中尊
金龍金光是我子　過去曾為善知識
世世願生於我家　共受无上菩提記
若有衆生无救護　長夜輪迴受衆苦
我於來世作歸依　令彼常得安隱樂
三有衆苦願除滅　悉得隨心安樂處
於未來世脩菩提　皆如過去成佛者
願此金光懺悔福　永竭苦海罪消除
業障煩惱悉皆亡　令我速招清淨果
福智大海量无邊　清淨離垢深无底
願我獲斯功德海　速成无上大菩提
以此金光懺悔力　當獲福德淨光明
既得清淨妙光明　常以智光照一切

既得清淨妙光明　常以智光照一切
願我身光等諸佛　福德智慧亦復然
一切世界獨稱尊　威力自在无倫匹
有漏苦海願超越　无為樂海願常遊
現在福海願恒盈　當來智海願圓滿
願我剎土超三界　殊勝功德量无邊
諸有緣者悉同生　皆得速成清淨智
妙幢汝當知　國王金龍主　曾發如是願　彼即是汝身
往時有二子　金龍及金光　即銀相銀光　當受我所記
大衆聞是說　皆發菩提心　願現在未來　常依此懺悔

金光明最勝王經金勝陁羅尼品第八

尒時世尊復於衆生中告善住菩薩摩訶薩善
男子有陁羅尼名曰金勝若有善男子善女
人欲求親見過去未來現在諸佛恭敬供養

者具大福德已於過去无量佛所殖諸善本
今得受持於我清淨不毀不缺无有障礙決
定能入甚深法門世尊即為說持呪法先稱
諸佛及菩薩名至心礼敬然後誦呪
南謨十方一切諸佛　南无諸大菩薩摩訶薩
南謨聲聞緣覺一切賢聖
南謨釋迦牟尼佛　南无東方不動佛
南无南方寶幢佛　南无西方阿弥陁佛
南无北方天鼓音王佛　南无上方廣衆德佛
南謨下方明德佛　南謨寶藏佛
南謨普光佛　南无普明佛
南謨香積王佛　南无蓮花勝佛
南謨平等見佛　南謨寶髻佛
南无寶上佛　南无寶光佛
南謨无垢光明佛　南无辯才莊嚴思惟佛

南謨无垢光明佛　南无辯才莊嚴思惟佛
南无淨月光稱相王佛　南无花嚴光佛
南无光明王佛　南无善光无垢稱王佛
南无觀察无畏自在佛　南无无畏名稱佛
南謨最勝王佛
南无觀自在菩薩摩訶薩　南无地藏菩薩摩訶薩
南无虛空藏菩薩摩訶薩　南謨妙吉祥菩薩摩訶薩
南謨金剛手菩薩摩訶薩　南无普賢菩薩摩訶薩
南无无盡意菩薩摩訶薩　南无大勢至菩薩摩訶薩
南无慈氏菩薩摩訶薩　南无善惠菩薩摩訶薩
陁羅尼曰
南无曷剌怛娜怛喇夜也　怛姪他
君睇君睇矩析矖矩析矖
壹室哩蜜室哩　莎訶

福德之聚即是供養恭敬尊重讚歎无數諸
佛如是諸佛皆与此人授阿耨多羅三藐三
菩提記善住若有人能持此呪者隨其所欲
衣食財寶多聞聰慧无病長壽獲福甚多
隨所願求无不遂意善住持是呪者乃至未證
无上菩提常與金城山菩薩慈氏菩薩大海菩
薩觀自在菩薩妙吉祥菩薩大氷伽羅菩薩
等而共居止為諸菩薩之所攝護善住當知
持此呪時作如是法先應誦持滿一万八遍
為前方便次於闇室莊嚴道場黑月一日清
淨洗浴著鮮潔衣燒香散花種種供養并
諸飲食入道場中先當稱礼如前所說諸佛
菩薩至心慇重悔先罪已右膝著地可誦前呪
滿一千八遍端坐思惟念其所願日未出時
於道場中食淨黑食日唯一食至十五日方

於道場中食淨黑食日唯一食至十五日方
出道場能令此人福德威力不可思議隨所
願求无不圓滿若不遂意重入道場既稱心
已常持莫忘

金光明最勝王經重顯空性品第九

尒時世尊說此呪已為欲利益菩薩摩訶薩
人天大衆令得悟解甚深真實第一義故重
明空性而說頌曰

我已於餘甚深經　廣說真空微妙法
今復於此經王內　略說空法不思議
於諸廣大甚深法　有情无智不能解
故我於斯重敷演　令於空法得開悟
大悲哀愍有情故　以善方便勝因緣
我今於此大衆中　演說令彼明空義

眼根常觀於色處　耳根聽聲不斷絕
鼻根恒齅於香境　舌根鎮嘗於美味
身根受於輕耎觸　意根了法不知猒
此等六根隨事起　各自境生分別
識如幻化非真實　依止根處妄貪求
如人奔走空聚中　六識依根亦如是
心遍馳求隨處轉　託根緣境了諸事
常愛色聲香味觸　於法尋思无暫停
隨緣遍行於六根　如鳥飛空无障礙
籍此諸根作依處　方能了別於外境
此身无知无作者　體不堅固託緣成
皆從虛空分別生　譬如機關由業轉
地水火風共成身　隨彼因緣招異果
同在一處相違害　如四毒蛇居一篋
此四大蛇性各異　雖居一處有昇沉

同在一處相違害　如四毒虵居一篋
此四大虵性各異　雖居一處有昇沉
或上或下遍於身　斯等終歸於滅法
於此四種毒虵中　地水二虵多沉下
風火二虵性輕舉　由此乖違衆病生
心識依止於此身　造作種種善惡業
當往人天三惡趣　隨其業力受身形
遭諸疾病身死後　大小便利悉盈流
膿爛蟲蛆不可樂　棄在屍林如朽木
汝等當觀法如是　云何執有我衆生
一切諸法盡无常　悉從无明緣力起
彼諸大種咸虛妄　本非實有體无生
故說大種性皆空　知此浮虛非實有
无明自性本是无　藉衆緣力和合有
於一切時失正慧　故我說彼為无明

衆苦惡業常纏迫　生死輪迴无息時
本来非有體是空　由不如理生分別
我斷一切諸煩惱　常以正智現前行
了五蘊宅悉皆空　求證菩提真實處
我開甘露大城門　亦現甘露微妙器
既得甘露真實味　常以甘露施群生
我擊最勝大法鼓　我吹最勝大法螺
我然最勝大明燈　我降最勝大法雨
降伏煩惱諸怨結　建立无上大法幢
於生死海濟群迷　我當開閉三惡趣
煩惱熾火燒衆生　无有救護无依止
清涼甘露充足彼　身心熱惱並皆除
由是我於无量劫　恭敬供養諸如來
堅持禁戒趣菩提　求證法身安樂處
施他眼耳及手足　妻子僮僕心无悋

施他眼耳及手足　妻子僮僕心无悋
財寶七珎莊嚴具　隨來求者咸供給
忍等諸度皆遍脩　十地圓滿成正覺
故我得稱一切智　无有衆生度量者
假使三千大千界　盡此土地生長物
所有叢林諸樹木　稻麻竹葦及枝條
此等諸物皆伐取　並悉細末作微塵
隨處積集量難知　乃至充滿虛空界
一切十方諸剎土　所有三千大千界
地土皆悉末為塵　此微塵量不可數
假使一切衆生智　以此智惠与他人
如是智者量无邊　容可知彼微塵數
牟尼世尊一念智　令彼智人共度量
於多俱胝劫數中　不能算知其少分

境妄生繫縛願捨輪迴正脩出離深心慶
喜如說奉持

金光明最勝王經依空滿願品第十

尒時如意寶光耀天女於大衆中聞說深法
歡喜踊躍從座而起偏袒右肩右膝著地合
掌恭敬白佛言世尊唯願為說於甚深理
脩行之法而說頌言
我問照世界　兩足最勝尊　菩薩正行法　唯願慈聽許
佛言善女天　若有疑或者　隨汝意所問　吾當分別說
是時天女請世尊曰
云何諸菩薩　行菩提正行　離生死涅槃　饒益自他故
佛告善女天依於法界行菩提法脩平等行
云何依於法界行菩提法脩平等行謂於五
蘊能現法界法界即是五蘊五蘊不可說非
五蘊亦不可說何以故若法界是五蘊即是

蘊能現法界法界即是五蘊五蘊不可說非
五蘊亦不可說何以故若法界是五蘊即是
斷見若離五蘊即是常見離於二相不著
二邊不可見過所見无名无相是則名為說於
法界善女天云何五蘊能現法界如是五蘊
不從因緣生何以故若從因緣生者為已生
故生為未生故生若已生生者何用因緣若
未生生者不可得生何以故未生諸法即是
非有无名无相非校量譬喻之所能及非是
因緣之所生故善女人譬如喻鼓聲依木依皮
及桴手等故得出聲如是鼓聲過去亦空未
來亦空現在亦空何以故是鼓音聲不從木
生不從皮生及桴手生不於三世生是則不
生若不生則不可滅若不可滅无所從來
若无所從來亦无所去若无所去則非常非

諦得於无上安樂涅槃既不如是故知不一
若言異者一切諸佛菩薩行相即是執著未
得解脫煩惱繋縛即不證阿耨多羅三藐
三菩提何以故一切聖人於行非行同真實
性是故不異故知五蘊非有非无不從因緣生
非无因緣生是聖所知非餘境故亦非言說
之所能及无名无相无因无緣亦无譬喻始
終寂靜本來自空是故五蘊能現法界善
女天若善男子善女人欲求阿耨多羅三藐三
菩提異真異俗難可思量於凡聖境體非一
異不捨於俗不離於真依於法界行菩提行
尒時世尊作是語已時善女天踊躍歡喜
即從座起偏袒右肩右膝著地合掌恭敬一心
頂礼而白佛言世尊如上所說菩提正行我
今當學是時索訶世界主大梵天王於大衆

令當學是時索訶世界主大梵天王於大衆
中問如意寶光耀善女天曰此菩提行難可
脩行汝今云何於菩提行而得自在尒時善
女天荅梵王曰大梵王如佛所說寶是甚深
一切異生不解其義是聖境界微妙難知
若使我今依於此法得安樂住是實語者願
令一切五濁惡世无量无數无邊衆生皆得金
色卅二相非男非女坐寶蓮花受无量樂雨
天妙花諸天音樂不鼓自鳴一切供養皆悉
具足時善女天說是語已一切五濁惡世所
有衆生皆悉金色具大人相非男非女坐寶
蓮花受无量樂猶如他化自在天宮无諸惡
道寶樹行列七寶蓮花遍滿世界又雨七寶
上妙天花作天伎樂如意寶光耀善女天即

中月行菩提行我亦行菩提行若夢中行
菩提行我亦行菩提行若陽燄行菩提行我
亦行菩提行若谷響行菩提行我亦行菩提
行時大梵王聞此說已白菩薩言仁依何義而
說此語答言梵王无有一法是實相者但由
因緣而得成故梵王言若如是者諸凡夫人
皆悉應得阿耨多羅三藐三菩提答言仁以
何意而作是說愚癡人異智慧人異菩提
異非菩提異解脫異非解脫異梵王如是諸法
平等无異於此法界真如不異无有中間而
可執著无增无減梵王譬如幻師及幻弟子
善解幻術於四衢道取諸沙土草木葉等
聚在一處作諸幻術使人覩見象眾馬眾車
兵等眾七寶之聚種種倉庫若有眾生愚癡

兵等衆七寶之聚種種倉庫若有衆生愚癡
无智不能思惟不知幻本若見若聞作是
思惟我所見聞象馬等衆此是實有餘皆虚
妄於後更不審察思惟有智之人則不如是了
於幻本若見若聞作如是念如我所見象馬等
衆非是真實唯有幻事惑人眼目妄謂爲
等及諸倉庫有名无實如我見聞不執爲
實後時思惟知其虚妄是故智者了一切法皆无
實體但隨世俗如見如聞表宣之事思惟諦
理則不如是復由假說顯實義故梵王愚癡
異生未得出世聖慧之眼未知一切諸法真
如不可說故是諸凡愚若見若聞行非行法
如是思惟便生執着謂以爲實於第一義不
能了知諸法真如是不可說是諸聖人若見
若聞行非行法隨其力能不生執着以爲實

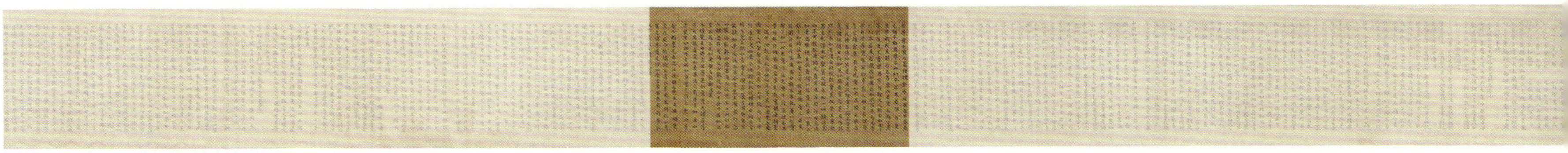

人隨世俗說爲欲令他知真實義如是梵王是
諸聖人以聖智見了法真如不可說故行非
行法亦復如是令他證知故說種種世俗名言
時大梵王問如意寶光耀菩薩言有幾衆生
能解如是甚深正法荅言梵王有衆幻人心
心數法能解如是甚深正法梵王曰此幻化
人體是非有此之心數從何而生荅曰若知法
界不有不无如是衆生能解深義
尒時梵王白佛言世尊是如意寶光耀菩薩
不可思議通達如是甚深之義佛言如是如
是梵王如汝所言此如意寶光耀已教汝等
發心脩學无生忍法是時大梵天王與諸梵
衆從座而起偏袒右肩合掌恭敬頂礼如意
寶光耀菩薩足作如是言希有希有我等今

寶光耀菩薩是作如是言希有希有我等今
日幸遇大士得聞正法
尒時世尊告梵王言是如意寶光耀於未來
世當得作佛号寶燄吉祥藏如來應正遍知
明行圓滿善逝世間解无上士調御丈夫天
人師佛世尊說是品時有三千億菩薩於阿
耨多羅三藐三菩提得不退轉八千億天子
无量无數國王臣民遠塵離垢得法眼淨
尒時會中有五十億苾蒭行菩薩行欲退菩
提心聞如意寶光耀菩薩說是法時皆得堅
固不可思議滿足上願更復發起菩提之心
各自脫衣供養菩薩重發无上勝進之心作
如是願願令我等功德善根悉皆不退迴向
阿耨多羅三藐三菩提梵王是諸苾蒭依此
功德如說脩行過九十大劫當得解悟出離

光同時皆得阿耨多羅三藐三菩提皆同一
号名願莊嚴間飾王十号具足梵王是金光
明微妙經典若正聞持有大威力假使有人
於百千大劫行六波羅蜜无有方便若有善
男子善女人書寫如是金光明經半月半月
專心讀誦是功德聚於前功德百分不及一
乃至筭數譬喻所不能及梵王是故我今令
汝脩學憶念受持為他廣說何以故我於往
昔行菩薩道時猶如勇士入於戰陣不惜身
命流通如是微妙經王受持讀誦為他解說
梵王譬如轉輪聖王若王在世七寶不滅王
若命終所有七寶自然滅盡梵王是金光明
微妙經王若現在世无上法寶悉皆不滅若
无是經隨處隱沒是故應當於此經王專心
聽聞受持讀誦為他解說勸令書寫行精進

BD00771　金光明最勝王經卷五

无是經隨處隱沒是故應當於此經王專心
聽聞受持讀誦爲他解說勸令書寫行精進
波羅蜜不惜身命不憚疲勞功德中勝我
諸弟子應當如是精勤修學
尒時大梵天王與无量梵衆帝釋四王及諸
藥叉俱從座起偏袒右肩右膝著地合掌恭
敬而白佛言世尊我等皆願守護流通是金
光明微妙經典及說法師若有諸難我當除
遣令具衆善色力充足辯才无礙身意泰
然時會聽者皆受安樂所在國土若有飢饉怨
賊非人爲惱害者我等天衆皆爲擁護使其
人民安隱豐樂无諸狂橫皆是我等天衆之
力若有供養是經典者我等亦當恭敬供養
如佛不異
尒時佛告大梵天王及諸梵衆乃至四王諸

邊殊勝之福速成无上正等菩提時梵王等
聞佛語已歡喜頂受
金光明最勝王經四天王觀察人天品第十一
尒時多聞天王持國天王增長天王廣目天
王俱從座起偏袒右肩右膝著地合掌向佛
礼佛足已白言世尊是金光明最勝王經一
切諸佛常念觀察一切菩薩之所恭敬一切
天龍常所供養及諸天衆常生歡喜一切護
世稱揚讚歎聲聞獨覺皆共受持悉能遍照
諸天宮殿能与一切衆生殊勝安樂止息地
獄餓鬼傍生諸趣苦惱一切怖畏悉能除殄
所有怨敵尋即退散飢饉惡時能令豐稔疾
疫病苦皆令蠲愈一切灾變百千苦惱咸悉
消滅世尊是金光明最勝經王能為如是安
[illegible]

BD00771　金光明最勝王經卷五

消滅世尊是金光明最勝經王能爲如是安
隱利樂饒益我等唯願世尊於大衆中廣
爲宣說我等四王并諸眷屬聞此甘露无上法
味氣力充實增益威光精進勇猛神通倍勝
世尊我等四王脩行正法常說正法以法化
世我等令彼天龍藥叉健闥婆阿蘇羅揭路
荼俱槃荼緊那羅莫呼羅伽及諸人王常以
正法而化於世遮去諸惡所有鬼神吸人精
氣无慈悲者悉令遠去世尊我等四王與二
十八部藥叉大將并與无量百千藥叉以淨
天眼過於世人觀察擁護此贍部洲世尊以此
因緣我等諸王名護世者又復於此洲中若
有國王被他怨賊常來侵擾及多飢饉疾疫
流行无量百千災厄之事世尊我等四王於
此金光明最勝王經恭敬供養若有苾芻法
師[illegible]

宣流布是金光明微妙經典由經力故令彼
无量百千衰惱災厄之事悉皆除遣世尊
若諸人王於其國內有持是經苾芻法師至
彼國時當知此經亦至其國世尊時彼國王
應往法師處聽其所說聞已歡喜於彼法師
恭敬供養深心擁護令无憂惱演說此經利
益一切世尊以是緣故我等四王皆共一心
護是人王及國人民令離災患常得安隱世
尊若有苾芻苾芻尼鄔波索迦鄔波斯迦
持是經者時彼人王隨其所須供給供養令
无乏少我等四王令彼國王及以國人悉皆安
隱遠離災患世尊若有受持讀誦是經典
者人王於此供養恭敬尊重讚歎我等當令
彼王於諸王中恭敬尊重最為第一諸餘國

彼王於諸王中恭敬尊重最為第一諸餘國
王共所稱歎大衆聞已歡喜受持

金光明最勝王經卷第五

変 盦蓋 齅 許救 窒 丁結 稔 任甚

BD00772 毗尼心

205.5cm × 27.7cm

若女無有志是[illegible]

沙弥尼初始出家年幼志弱但依大尼爲師諮承學戒不須
大僧也　問受六法時更須請和上不荅不須何以然式叉摩那但
於十戒中增學其六耳是易位故不須請也　又四部律皆言
眼見耳不聞處若對面作羯磨者不成受六法得罪問有人言
大比丘尼得礼沙弥是如法不荅此人不解律相妄作是說何
以故四分律房舍揵度中仏自爲諸比丘制於敬法小沙弥應礼
大沙弥尼何況大比丘尼而不礼也　何者不應礼十三難人三舉人
滅擯人非法語人如是等人不應礼礼者彼此俱得罪耳又受戒之
中有作戒有无作戒初對師前作心受戒運動身口造成此
法故名作戒得以後懐之在心不伏營爲故名无作戒也此无

[illegible]

五篇戒法
上明受戒令明持戒即受得戒法理須護持隨緣割意
填如不犯有輕重皆羌為五貫創相屬目之為篇
一波羅夷戒
蓋是西音此云无餘若犯此戒永弃請衆故曰无餘
布薩羯磨二種法事不得在數永無其分曰无餘
二僧伽婆尸沙戒
此云僧殘若犯此戒
行則毀缺不應
在布薩之數猶在羯磨衆中斥
類其分故名僧殘也
三波逸提戒
此方云墮若犯此戒墮落地
獄燒煑覆郭故名墮也
四波羅提
舍尼戒
此方云向彼悔若犯戒華合可呵
容聽發露對手懺悔得除故名向彼悔
五式叉迦羅尼
此方云應當學子威儀
練行懃習方成故名應
當
學
此五篇之中護三種行初一篇護根本行第二篇護衆法行下
三篇護威儀行又此五篇防三種鄣初兩篇防鄣道罪初正鄣
道殘正鄣衆也波逸提一篇防業報羅訖倫三有出離无由
後兩篇防譏過罪生人不善化益无於也提舍尼勸犯已
而悔下應當學勸專情莫犯義通諸篇顯法門耳又對防五
品之罪故立五篇佛言有罪心念懺悔此則第五篇所防也有罪
從他懺悔此則第四篇所防也有罪小重忽從他懺悔此則第三篇

[illegible]悔此則第五篇所防也有罪

從他懺悔此則第四篇所防也有罪小重忽從他懺悔此則第三篇

所防也有四重從罪從僧懺悔此則第二篇所防也有大重罪不可懺

悔此則初篇所防也初篇防死罪第二篇防次死罪第三篇防合得

鞭罪第四篇防合得杖罪第五篇防嘖失罪此五篇戒並是身口

心善為貼支離五品故名五支諸戒初篇名根本業清淨戒第二

名前後眷屬餘清淨戒第三篇名非諸惡覺〻清淨戒第四篇護持

正念〻清淨戒第五篇名迴向阿耨多羅三藐三菩提戒

沙彌十戒

沙彌者此云息慈息惡行慈故曰沙彌息於十戒耳慈念衆生故有不

殺等也此之十戒乃是衆戒之根本先護持之也

一不殺

若云殺人不受大戒若

殺畜生等至心懺悔得戒

二不偷盜

若偷若劫若彊奪若埳若損壞他

物但直五錢已上不得受大戒也

若減五錢若非人畜生物

懺悔得戒也

三不婬欲

若人男女若非人男女若畜生男女若僂身分不

得受大戒若摩身等至心懺悔得戒也

四不妄語

若詐稱得聖不得受大戒若犯重事謗清淨人及

誑惑欺妄其罪難懺餘小妄語聽懺已進大戒

五不飲酒

酒性能發人煩

惱改人心性亂

人道心多開衆過之門若酒入腹護戒心除自制不能

六不著花鬘香油塗身

莊飾華艷愛亂

道也　七不歌舞倡伎及往觀聽（忽蕩逸道心浮擧也）八不上高廣上
床坐（傲慢自處无謙下心　情存耽物去道遠矣）九不非時食（濟命養道宜須應法　貪味不節致患妨道）十不捉持生
像金銀寶物（供身之具儉素為佳珎貴　玩服多生貪著故教不捉）
此十戒之中前四性重後六遮重性重者內自起惡遮重者外能生
惡又前四戒是業清淨戒中四戒是行清淨戒後二戒是緣清淨
戒所以者何煞盜二戒不自作不教他則身口俱淨不婬純身業淨
不妄語則純口業淨不煞離瞋心不盜離外貪不婬離內貪不
妄語離癡邪見愚惑之心拔三毒根則意業淨也淨戒根本出身
口意業故云前四戒是業清淨戒耳依業欲起行行興先須護
過令諸惡不起故不飲酒也惡既不起次應脩飾威儀而威儀精潔
離於世染故次不著花鬘香油塗身也威儀既舉次應運動身口頌義
法音讚歎善友諸受未聞而反嘆歌非法鼓動群情專習伎術

法音窺求善友諮受未聞而反嘆唾非法鼓動群情專習伎術聽採妖異棄正逐耶特乖道式故次不歌儛倡伎及往觀聽也既聽習有方次宜安心於法端懃係念折伏我慢恐受菩（？）辱離寬奢恣故次不高廣床上坐也故云四戒是行清淨戒耳然道非孤起行託緣興飲食濟命衣服護形內外資發方得行道故次不非時食不一眼寶飾以離貪著資緣之過也故云後二戒是緣清淨戒

持戒得十利 一者攝取於僧若下坐持戒則為如法之眾攝在數中 二者令僧歡喜若中坐持戒有所施為悅可眾心之也 三者令僧安樂若上坐持戒則光飾眾織又能蔭蓋徒眾 四者未信令者信戒得內備外則發人信堪為師範歸之所濟世是以未出家者信樂出家從其受受戒 五者已信令增廣既度弟子復能教受誡敕令其護持增進心行也 六者難調慎者令調慎彼眾之中若有惡性麁散違教犯禁不慎威儀者復能如法治罰推伏令改 七者慚愧者得安樂彼眾之中若有道心失意犯罪常懷愧懼改往脩來求乞洗過復 [illegible] 已生惡既除身心清淨

諍不令起 [illegible]久住 維理要匡衆益時化化相乘墜而更舉也 十者[illegible]

依衆求解脫中六行戒自他兼益後一則能興隆三寶唯持戒之

人得此十句利也又有一釋此十利之中三段之義前三句明於衆法中

得利也中六句明於行法中得利也後一句明於教法中得利也 初衆法有三

者第一明外凡假名僧為律教所攝得在僧例故曰一者攝取於僧也

第二明內凡和合僧同心奉律和順為本故曰二者令僧歡喜也

第三明聖位真實僧依而行不相違惱故曰三者令僧安樂今明外凡

比丘若能持戒見聞請諍得入此三種僧中同其布薩羯磨獲此衆

法利次明行法有六句者初二句明下戒聚謂行信法行僧內凡學

人利也次二句明中戒聚謂見道脩道聖僧學人利也後二句

明上戒聚謂盡智无生智无學聖果功德利第十一句教法之利

明他戒聚說法化人興益於世紹隆真軌永使不絶故曰十者

令正法得久住也原如來制戒之意本非直止惡而已乃欲長[illegible]

令正法得久住世原如來制戒之意本非直心愿而已乃欲速開
涅槃之正路爲令比丘如法循行趣獲道證同佛所得无常住永
寂休息法也故云爲諸比丘集十句義諸佛之戒法矣

師徒法弟二

和上應具十德 一持戒 二多聞阿毗曇 三多聞毗尼 四學五
學定 六學惠 七自出罪使人出罪 八自看病 九弟子有犯
行難能自送使人送難 十滿十臈 出僧祇律
依止阿闍梨應具十德 一具持二百五十戒 二多聞 三能教
授弟子阿毗曇 四能教授毗尼 五能弟子捨惡見住善
見 六知波羅提木叉戒 七知說波羅提木叉戒 八知作
布薩 九知布薩羯磨 十年滿十臈 和上十德互同出四分律增一中 阿闍梨
應具五德 一知僧上威儀

BD00773

妙法蓮華經卷七

（後秦）鳩摩羅什 譯

618.8cm × 26cm

无觀

世音菩薩稱其名故即得解脫无盡意觀世
音菩薩摩訶薩威神之力巍巍如是若有衆
生多於婬欲常念恭敬觀世音菩薩便得離
欲若多瞋恚常念恭敬觀世音菩薩便得離
瞋若多愚癡常念恭敬觀世音菩薩便得離
癡无盡意觀世音菩薩有如是等大威神力
多所饒益是故衆生常應心念若有女人設
欲求男礼拜供養觀世音菩薩便生福德智
慧之男設欲求女便生端正有相之女宿殖
德本衆人愛敬无盡意觀世音菩薩有如是
力若有衆生恭敬礼拜觀世音菩薩福不唐
捐是故衆生皆應受持觀世音菩薩名号无

云何是善男子善女人功德多不无盡意言
甚多世尊佛言若復有人受持觀世音菩薩
名号乃至一時礼拜供養是二人福正等无
異於百千万億劫不可窮盡无盡意受持觀
世音菩薩名号得如是无量无邊福德之利
无盡意菩薩白佛言世尊觀世音菩薩云何
遊此娑婆世界云何而為衆生說法方便之
力其事云何佛告无盡意菩薩善男子若有
國土衆生應以佛身得度者觀世音菩薩即
現佛身而為說法應以辟支佛身得度者即
現辟支佛身而為說法應以聲聞身得度者
即現聲聞身而為說法應以梵王身得度者
即現梵王身而為說法應以帝釋身得度者

即現聲聞身而爲說法應以梵王身得度者
即現梵王身而爲說法應以帝釋身得度者
即現帝釋身而爲說法應以自在天身得度
者即現自在天身而爲說法應以大自在天
身得度者即現大自在天身而爲說法應以
天大將軍身得度者即現天大將軍身而爲
說法應以毗沙門身得度者即現毗沙門身
而爲說法應以小王身得度者即現小王身
而爲說法應以長者身得度者即現長者身
而爲說法應以居士身得度者即現居士身
而爲說法應以宰官身得度者即現宰官身
而爲說法應以婆羅門身得度者即現婆羅
門身而爲說法應以比丘比丘尼優婆塞優
婆夷身得度者即現比丘比丘尼優婆塞優

以童男童女身得度者即現童男童女身而
為說法應以天龍夜叉乾闥婆阿脩羅迦樓
羅緊那羅摩睺羅伽人非人等身得度者即
皆現之而為說法應以執金剛神得度者即
現金剛神而為說法无盡意是觀世音菩薩
成就如是功德以種種形遊諸國土度脫衆
生是故汝等應當一心供養觀世音菩薩是
觀世音菩薩摩訶薩於怖畏急難之中能施
无畏是故此娑婆世界皆号之為施无畏者
无盡意菩薩白佛言世尊我今當供養觀世
音菩薩即解頸衆寶珠瓔珞價直百千兩金
而以與之作是言仁者受此法施珎寶瓔珞
時觀世音菩薩不肯受之无盡意復白觀世

BD00773　妙法蓮華經卷七

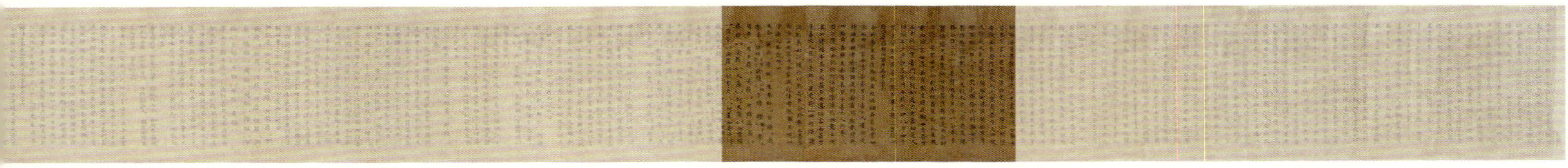

時觀世音菩薩不肯受之无盡意復白觀世
音菩薩言仁者愍我等故受此瓔珞尒時佛
告觀世音菩薩當愍此无盡意菩薩及四衆
天龍夜叉乾闥婆阿脩羅迦樓羅緊那羅摩
睺羅伽人非人等故受是瓔珞即時觀世音
菩薩愍諸四衆及於天龍人非人等受其瓔
珞分作二分一分奉釋迦牟尼佛一分奉多
寶佛塔无盡意觀世音菩薩有如是自在神
力遊於娑婆世界尒時持地菩薩即從座起
前白佛言世尊若有衆生聞是觀世音菩薩
品自在之業普門示現神通力者當知是人
功德不少佛說是普門品時衆中八万四千
衆生皆發无等等阿耨多羅三藐三菩提心
妙法蓮華經陁羅尼品第二十六

持法華經者若讀誦通利若書寫經卷得幾
所福佛告藥王若有善男子善女人供養八
百万億那由他恒河沙等諸佛於汝意云何
其所得福寧為多不甚多世尊佛言若善男
子善女人能於是經乃至受持一四句偈讀
誦解義如說脩行功德甚多尒時藥王菩薩
白佛言世尊我今當與說法者陁羅尼呪以
守護之即說呪曰
安尒一 曼尒二 摩祢三 摩摩祢四 旨隸五 遮
梨第六 賖咩羊鳴音七 賖履罔雉反多瑋八 羶輸干反帝九
目帝十 目多履十一 娑履十二 阿瑋娑履十三
桑履十四 娑履十五 叉裔十六 阿叉裔十七 阿耆膩
十八 羶帝十九 賖履二十 陁羅尼二十一 阿盧伽婆娑簸蔗反

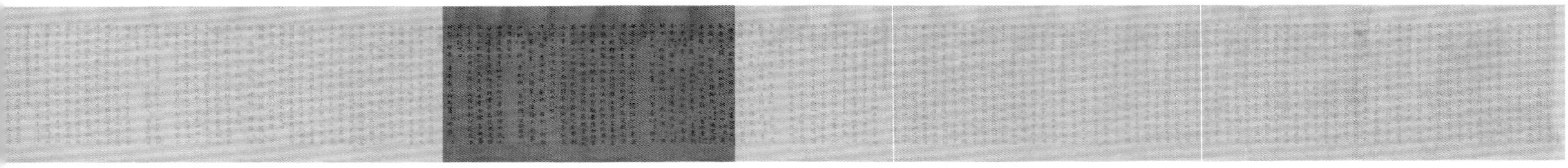

十八羶帝十九睺履二十陁羅尼二十一阿盧伽婆娑反
簸蔗毗叉膩二十二禰毗剃二十三阿便哆都餓反邏
禰履剃二十四阿亶哆波隸輸地途賣反二十五漚究隸二十六
牟究隸二十七阿羅隸二十八波羅隸二十九首迦差初几反三十
阿三磨三履三十一佛馱毗吉利袠帝三十二達磨波
利差猜離反帝三十三僧伽涅瞿沙禰三十四婆舍婆
舍輸地三十五曼哆邏三十六曼哆邏叉夜多三十七郵
樓哆三十八郵樓哆憍舍略三十九惡叉邏四十惡
叉治多治四十一阿婆盧四十二阿摩若荏蔗反那多
夜四十三
世尊是陁羅尼神呪六十二億恒河沙等諸
佛所說若有侵毀此法師者則為侵毀是諸
佛已時釋迦牟尼佛讚藥王菩薩言善哉善
哉藥王汝愍念擁護此法師故說是陁羅尼

世尊我亦為擁護讀誦受持法華經者說陀
羅尼若此法師得是陀羅尼若夜叉若羅剎
若富單那若吉蔗若鳩槃茶若餓鬼等伺求
其短无能得便即於佛前而說咒曰
痤誓螺反隸一 摩訶痤隸二 郁枳三 目枳四 阿隸
五 阿羅婆苐六 涅隸苐七 涅隸多婆苐八
伊緻豬履反柅九 韋緻柅十 旨緻柅十一 涅隸墀柅十二
涅犁墀婆底十三
世尊是陀羅尼神咒恒河沙等諸佛所說亦
皆隨喜若有侵毀此法師者則為侵毀是諸
佛已尒時毗沙門天王護世者白佛言世尊
我亦為愍念衆生擁護此法師故說是陀羅
尼即說咒曰
阿梨一 那梨二 㝹那梨三 阿那盧四 那履五

阿梨一 那梨二 㝹那梨三 阿那盧四 那履五
拘那履六
世尊以是神呪擁護法師我亦自當擁護持
是經者令百由旬内无諸衰患尒時持國天
王在此會中與千万億那由他乾闥婆衆恭
敬圍繞前詣佛所合掌白佛言世尊我亦以
陁羅尼神呪擁護持法華經者即説呪曰
阿伽祢一 伽祢二 瞿利三 乾陁利四 梅陁利
五 摩蹬耆六 常求利七 浮樓莎抳八 頞底九
世尊是陁羅尼神呪四十二億諸佛所説若
有侵毀此法師者則為侵毀是諸佛已尒時
有羅刹女等一名藍婆二名毗藍婆三名曲
齒四名華齒五名黑齒六名多髮七名无猒
足八名持瓔珞九名睾帝十名奪一切衆生

讀誦受持法華經者除其衰患若有伺求法
師短者令不得便即於佛前而說呪曰
伊提履一伊提泯二伊提履三阿提履四伊
提履五泥履六泥履七泥履八泥履九泥
履十樓醯十一樓醯十二樓醯十三樓醯十四多
醯十五多醯十六多醯十七兜醯十八菟醯十九
寧上我頭上莫惱於法師若夜叉若羅剎若
餓鬼若富單那若吉蔗若毗陁羅若揵䭾若
烏摩勒伽若阿跋摩羅若夜叉吉蔗若人吉
蔗若熱病若一日若二日若三日若四日若
至七日若常熱病若男形若女形若童男形
若童女形乃至夢中亦復莫惱即於佛前而
說偈言

若童女形乃至夢中亦復莫惱即於佛前而

說偈言

若不順我呪　惱亂說法者　頭破作七分　如阿梨樹枝

如殺父母罪　亦如壓油殃　斗稱欺誑人　調達破僧罪

犯此法師者　當獲如是殃

諸羅刹女說此偈已白佛言世尊我等亦當

身自擁護受持讀誦脩行是經者令得安隱

離諸衰患消衆毒藥佛告諸羅刹女善哉善

哉汝等但能擁護受持法華名者福不可量

何況擁護具足受持供養經卷華香瓔珞末

香塗香燒香幡蓋伎樂燃種種燈蘇燈油燈

諸香油燈蘇摩那華油燈瞻蔔華油燈婆師

迦華油燈優鉢羅華油燈如是等百千種供

養者皐帝汝等及眷屬應當擁護如是法師

尒時佛告諸大衆乃往古世過无量无邊不
可思議阿僧祇劫有佛名雲雷音宿王華智
多陁阿伽度阿羅呵三藐三佛陁國名光明
莊嚴劫名憙見彼佛法中有王名妙莊嚴其
王夫人名曰淨德有二子一名淨藏二名淨
眼是二子有大神力福德智慧久脩菩薩所
行之道所謂檀波羅蜜尸羅波羅蜜羼提波
羅蜜毗梨耶波羅蜜禪波羅蜜般若波羅蜜
方便波羅蜜慈悲憙捨乃至三十七助道法
皆悉明了通達又得菩薩淨三昧日星宿三
昧淨光三昧淨色三昧淨照明三昧長莊嚴
三昧大威德藏三昧於此三昧亦悉通達尒
時彼佛欲引導妙莊嚴王及愍念衆生故說
是法華經時淨藏淨眼二子到其母所合十

時彼佛欲引導妙莊嚴王及愍念衆生故說
是法華經時淨藏淨眼二子到其母所合十
指爪掌白言願母往詣雲雷音宿王華智佛
所我等亦當侍從親近供養礼拜所以者何
此佛於一切天人衆中說法華經宜應聽受
母告子言汝父信受外道深著婆羅門法汝
等應往白父與共俱去淨藏淨眼合十爪指
掌白母我等是法王子而生此耶見家母告
子言汝等當憂念汝父爲現神變若得見者
心必清淨或聽我等往至佛所於是二子念
其父故踊在虚空高七多羅樹現種種神變
於虚空中行住坐卧身上出水身下出火身
下出水身上出火或現大身滿虚空中而復
現小小復現大於空中滅忽然在地入地如

未曾有合掌向子言汝等師為是誰誰之弟
子二子白言大王彼雲雷音宿王華智佛今
在七寶菩提樹下法座上坐於一切世間天
人眾中廣說法華經是我等師我是弟子父
語子言我今亦欲見汝等師可共俱往於是
二子從空中下到其母所合掌白母父王今
已信解堪任發阿耨多羅三藐三菩提心我
等為父已作佛事願母見聽於彼佛所出家
脩道尒時二子欲重宣其意以偈白母

願母放我等　出家作沙門　諸佛甚難值　我等隨佛學
如優曇波羅　值佛復難是　脫諸難亦難　願聽我出家

母即告言聽汝出家所以者何佛難值故於
是二子白父母言善哉父母願時往詣雲雷
音宿王華智佛所親覲供養所以者何佛難

是二子白父母言善哉父母願時往詣雲雷
音宿王華智佛所親近供養所以者何佛難
得值如優曇波羅華又如一眼之龜值浮木
孔而我等宿福深厚生值佛法是故父母當
聽我等令得出家所以者何諸佛難值時亦
難遇彼時妙莊嚴王後宮八万四千人皆悉
堪任受持是法華經淨眼菩薩於法華三昧
久已通達淨藏菩薩已於无量百千万億劫
通達離諸惡趣三昧欲令一切衆生離諸惡
趣故其王夫人得諸佛習三昧能知諸佛祕
密之藏二子如是以方便力善化其父令心信
解好樂佛法於是妙莊嚴王與群臣眷屬
俱淨德夫人與後宮采女眷屬俱其王二子
與四万二千人俱一時共詣佛所到已頭面

夫人解頸真珠瓔珞價直百千以散佛上於
虛空中化成四柱寶臺臺中有大寶床敷百
千万天衣其上有佛結跏趺坐放大光明尒
時妙莊嚴王作是念佛身希有端嚴殊特成
就第一微妙之色時雲雷音宿王華智佛告
四衆言汝等見是妙莊嚴王於我前合掌立
不此王於我法中作比丘精勤脩習助佛道
法當得作佛号娑羅樹王國名大光劫名大
高王其娑羅樹王佛有无量菩薩衆及无量
聲聞其國平正功德如是其王即時以國付
弟與夫人二子并諸眷屬於佛法中出家脩
道王出家已於八万四千歲常勤精進脩行
妙法華經過是已後得一切淨功德莊嚴三

妙法華經過是已後得一切淨功德莊嚴三
昧即昇虛空高七多羅樹而白佛言世尊此
我二子已作佛事以神通變化轉我邪心令
得安住於佛法中得見世尊此二子者是我
善知識為欲發起宿世善根饒益我故來生
我家尒時雲雷音宿王華智佛告妙莊嚴王
言如是如是如汝所言若善男子善女人種
善根故世世得善知識其善知識能作佛事
示教利喜令入阿耨多羅三藐三菩提大王
當知善知識者是大因緣所謂化導令得見
佛發阿耨多羅三藐三菩提心大王汝見此
二子不此二子已曾供養六十五百千万億
那由他恒河沙諸佛親近恭敬於諸佛所受
持法華經愍念邪見衆生令住正見妙莊嚴

長廣而紺青色眉間豪相白如珂月齒白齊
密常有光明脣色赤好如頻婆菓尒時妙莊
嚴王讚嘆佛如是等无量百千万億功德已
於如來前一心合掌復白佛言世尊未曾有
也如來之法具足成就不可思議微妙功德
教戒所行安隱快善我從今日不復自隨心
行不生耶見憍慢瞋恚諸惡之心說是語已
礼佛而出佛告大衆於意云何妙莊嚴王豈
異人乎今華德菩薩是其淨德夫人今佛前
光照莊嚴相菩薩是哀愍妙莊嚴王及諸眷
屬故於彼中生其二子者今藥王菩薩藥上
菩薩是是藥王藥上菩薩成就如此諸大功
德已於无量百千万億諸佛所殖衆德本成
就不可思議諸善功德若有人識是二菩薩

德已於无量百千万億諸佛所殖衆德本成
就不可思議諸善功德若有人識是二菩薩
名字者一切世間諸天人民亦應礼拜佛說
是妙莊嚴王本事品時八万四千人遠塵離
垢於諸法中得法眼淨

妙法蓮華經普賢菩薩勸發品第二十八

尒時普賢菩薩以自在神通威德名聞與大
菩薩无量无邊不可稱數從東方來所經諸
國普皆震動雨寶蓮華作无量百千万億種
種伎樂又與无數諸天龍夜叉乾闥婆阿脩
羅迦樓羅緊那羅摩睺羅伽人非人等大衆
圍繞各現威德神通之力到娑婆世界耆闍
崛山中頭面礼釋迦牟尼佛右繞七帀白佛
言世尊我於寶威德上王佛國遥聞此娑婆

子善女人於如來滅後云何能得是法華經
佛告普賢菩薩若善男子善女人成就四法
於如來滅後當得是法華經一者為諸佛護
念二者殖衆德本三者入正定聚四者發救
一切衆生之心善男子善女人如是成就四
法於如來滅後必得是經尒時普賢菩薩白
佛言世尊於後五百歲濁惡世中其有受持
是經典者我當守護除其衰患令得安隱使
无伺求得其便者若魔若魔子若魔女若魔
民若為魔所著者若夜叉若羅刹若鳩槃荼
若毗舍闍若吉蔗若富單那若韋陁羅等諸
惱人者皆不得便是人若行若立讀誦此經
我尒時乘六牙白象王與大菩薩衆俱詣其
所而自現身供養守護安慰其心亦為供養

我尒時乘六牙白象王與大菩薩衆俱詣其
所而自現身供養守護安慰其心亦為供養
法華經故是人若坐思惟此經尒時我復乘
白象王現其人前其人若於法華經有所忘
失一句一偈我當教之與共讀誦還令通利
尒時受持讀誦法華經者得見我身甚大歡
喜轉復精進以見我故即得三昧及陁羅尼
名為旋陁羅尼百千万億旋陁羅尼法音方
便陁羅尼得如是等陁羅尼世尊若後世後
五百歲濁惡世中比丘比丘尼優婆塞優婆
夷求索者受持者讀誦者書寫者欲脩習是
法華經於三七日中應一心精進滿三七日已
我當乘六牙白象與无量菩薩而自圍繞
以一切衆生所喜見身現其人前而為説法

故无有非人能破壞者亦不爲女人之所惑
亂我身亦自常護是人唯願世尊聽我說此
陀羅尼即於佛前而說咒曰
阿檀地(途賣反)一 檀陀婆地二 檀陀婆帝三 檀陀
鳩舍隸四 檀陀脩陀隸五 脩陀隸六 脩陀羅
婆底七 佛䭾波羶祢八 薩婆陀羅尼阿婆多
尼九 薩婆婆沙阿婆多尼十 脩阿婆多尼十一 僧
伽婆履叉尼十二 僧伽涅伽陀尼十三 阿僧祇
十四 僧伽波伽地十五 帝隸阿惰僧伽兜略(盧遮反)
波羅帝十六 薩婆僧伽三摩地伽蘭地十七 薩婆
達磨脩波利刹帝十八 薩婆薩埵樓䭾憍舍略
阿㝹伽地十九 辛阿毗吉利地帝二十
世尊若有菩薩得聞是陀羅尼者當知普賢
神通之力若法華經行閻浮提有受持者應
作此念皆是普賢威神之力若有受持讀誦

BD00773　妙法蓮華經卷七

神通之力若法華經行閻浮提有受持者應
作此念皆是普賢威神之力若有受持讀誦
正憶念解其義趣如說脩行當知是人行普賢
行於无量无邊諸佛所深種善根為諸如
来手摩其頭若但書寫是人命終當生忉利
天上是時八万四千天女作衆伎樂而来迎之
其人即着七寶冠於采女中娛樂快樂何
況受持讀誦正憶念解其義趣如說脩行若
有人受持讀誦解其義趣是人命終為千佛
授手令不恐怖不墮惡趣即往兜率天上彌
勒菩薩所彌勒菩薩有三十二相大菩薩衆
所共圍繞有百千万億天女眷屬而於中生
有如是等功德利益是故智者應當一心自
書若使人書受持讀誦正憶念如說脩行世

佛讚言善哉善哉普賢汝能護助是經令多
所衆生安樂利益汝已成就不可思議功德
深大慈悲從久遠來發阿耨多羅三藐三菩
提意而能作是神通之願守護是經我當以
神通力守護能受持普賢菩薩名者普賢若
有受持讀誦正憶念脩習書寫是法華經者
當知是人則見釋迦牟尼佛如從佛口聞此
經典當知是人供養釋迦牟尼佛當知是人
佛讚善哉當知是人為釋迦牟尼佛手摩其
頭當知是人為釋迦牟尼佛衣之所覆如是
之人不復貪著世樂不好外道經書手筆亦
復不憙親近其人及諸惡者若屠兒若畜猪
羊雞狗若獵師若衒賣女色是人心意質直
有正憶念有福德力是人不為三毒所惱亦

BD00773　妙法蓮華經卷七

有正憶念有福德力是人不為三毒所惱亦
不為嫉妬我慢邪慢增上慢所惱是人少欲
知足能脩普賢之行普賢若如來滅後後五
百歲若有人見受持讀誦法華經者應作是
念此人不久當詣道場破諸魔眾得阿耨多
羅三藐三菩提轉法輪擊法鼓吹法螺雨法
雨當坐天人大眾中師子法座上普賢若於
後世受持讀誦是經典者是人不復貪著衣
服卧具飲食資生之物所願不虛亦於現世
得其福報若有人輕毀之言汝狂人耳空作
是行終无所獲如是罪報當世世无眼若有
供養讚歎之者當於今世得現果報若復見
受持是經者出其過惡若實若不實此人現
世得白癩病若輕咲之者當世世牙齒踈缺

[illegible]
受持是經典者當起遠迎當如敬佛說是普
賢勸發品時恒河沙等无量无邊菩薩得百
千億旋陁羅尼三千大千世界微塵等諸菩薩
具普賢道佛說是經時普賢等諸菩薩舍
利弗等諸聲聞及諸天龍人非人等一切大
會皆大歡喜受持佛語作礼而去

妙法蓮華經卷第七

妙法蓮華經卷第七

BD00774 波逸提懺悔法

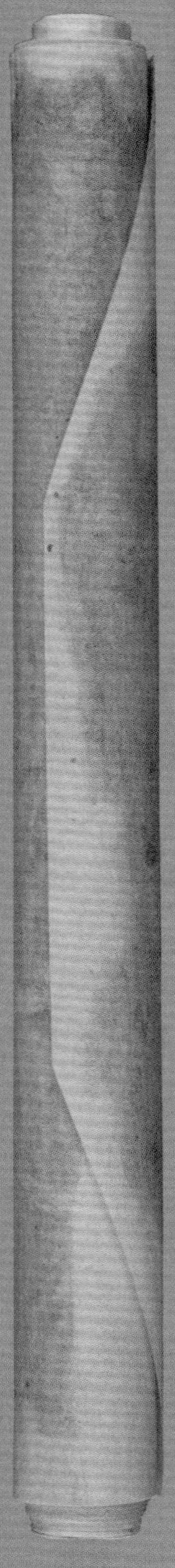

165.5cm × 27.4cm

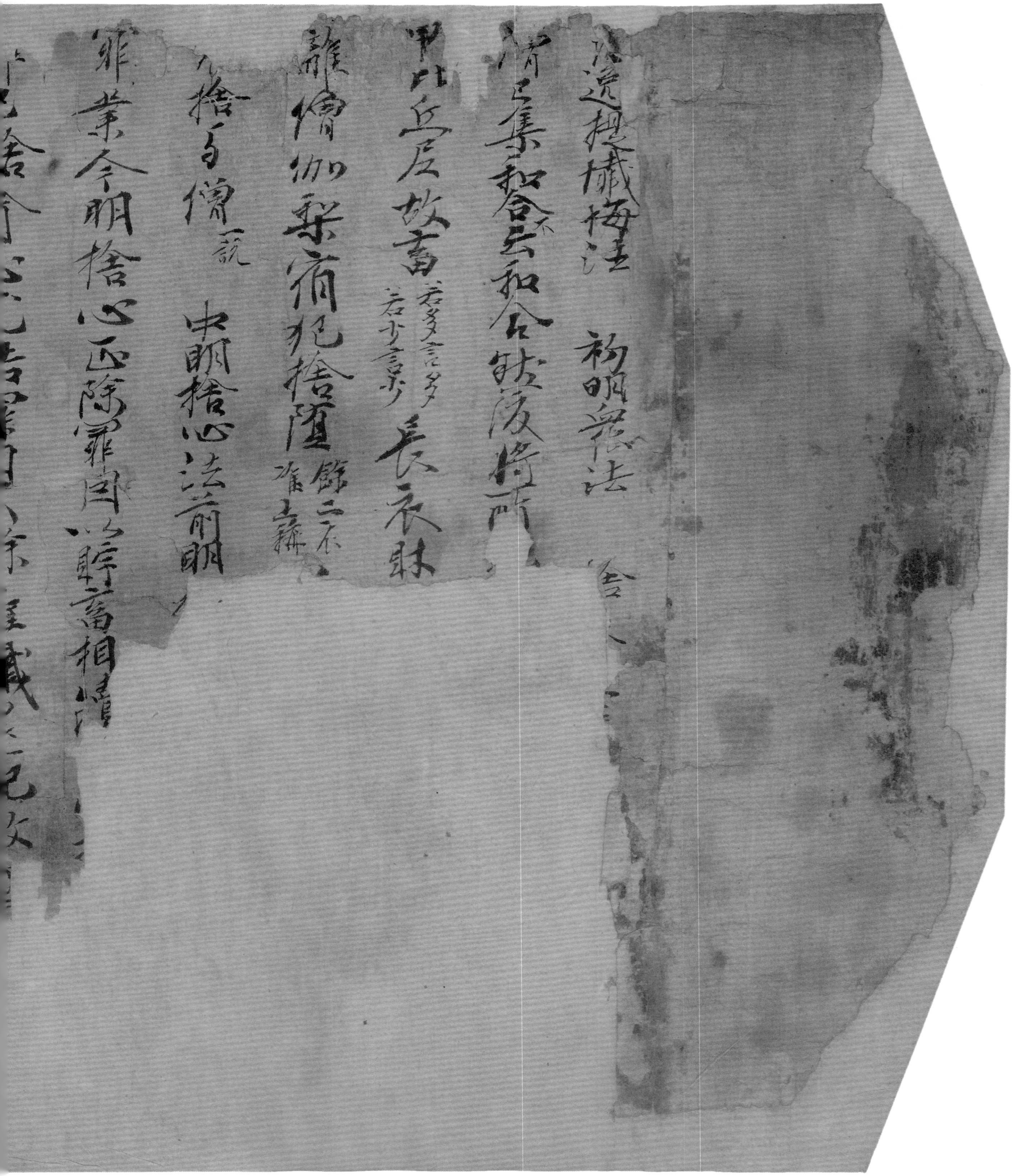

波逸提懺悔法　初明說法　舍
請已集和合不云和合鉢後捨所
甲比丘尼故畜若多言多若少言少長衣財
離僧伽梨宿犯捨墮餘二衣准釋
捨與僧說　中明捨心法前明
罪業今明捨心正除罪因以辟蓄相情
[illegible]

□□□□捨□衣竟捨故受之衣已於罪已懺竟心斷當
得本財得受　二衣已捨罪未悔當心斷當日得本財
外財得吉羅　三衣已捨罪已悔當心不斷當日得本財
犯捨墮　後明捨罪有七　一乞懺者合掌口言大姊僧聽我
某甲比丘尼故畜衆多長衣過限不說淨犯捨墮離三衣宿
犯捨墮是三衣已捨竟僧是中各有波逸提罪 長衣云云 不憶
□拘提懺某罪不須捨衣
犯多時壞盡者云　犯捨長財已用壞盡各犯根本波逸提
憶數若憶數者隨有言之今從衆僧乞懺悔願僧聽我某甲
比丘尼懺悔慈愍故 三說已上座言大 衆受拔懺悔　二請懺主 其懺主必須清淨之人明知持犯乃至下四 舉罪曾經懺者方可爲之見有行擯
者是非莫知輙爲悔主謂坐受懺前人既不自陵故請治之或九品六品一時同悔
或先犯言犯或重而言輕如此失法之之懲罪非迯隱返成自累　請云大姊一心念
我某甲比丘尼今請大姊爲波逸提懺悔主願大姊爲我作波逸提懺

BD00774　波逸提懺悔法

或先犯言犯或重而言輕如此失法之懲罰非逃隱返成自累　請云大姊憶念

我某甲比丘尼今請大姊為波逸提懺悔主願大姊為我作波逸提懺

悔主慈愍故　三請已未淨若可為其吉羅悔主亦准請之　三懺主單白和僧問和尚已白言大

姊僧聽某甲比丘尼故畜眾多長衣財不說淨犯捨墮離僧

伽梨宿　三衣並准　犯捨墮此衣財已捨与僧是中犯[illegible]長波逸提罪

不憶數離僧伽梨宿犯一捨墮　若三衣總犯准之　犯捨長財已用壞盡無有根

本波逸提罪不憶數今從眾僧乞懺悔若僧時到僧忍聽我

某甲比丘尼受某比丘尼懺悔白如是　作白已前懺者大於已者云可尔小者云受汝懺悔　四為說罪名

種相名謂波逸提種畜長離衣此事異相謂一品多品不

同其根本波逸提罪在後懺根本三吉羅在提前懺從生六品

語故重云云　衲右云品突吉羅藏云　大姊一心念我某甲比丘

故畜衆多長衣財犯捨墮不憶數離僧伽梨宿犯一捨墮

并一不發露犯突吉羅罪經夜覆藏隨夜展轉覆藏并著

用犯捨衣突吉羅經夜覆藏隨夜展轉覆藏經僧說戒

默妄語突吉羅經夜覆藏隨夜展轉覆藏如是六品突

吉羅罪各不憶數今向大姊發露懺悔不敢覆藏願大姊

憶我　懺主云自責汝心生厭離　答言可尒　次懺根本

突吉羅云大姊一心念我某甲比丘尼故畜衆多長衣不說淨犯

衆多波逸提罪離僧伽梨宿犯一波逸提罪不發露犯突吉羅

罪又經僧說戒九處三問默妄語犯突吉羅罪又著用不如法衣

犯突吉羅罪今向大姊發露懺悔不敢覆藏願大姊憶我

（一說云自責汝心生厭離）

於突吉羅罪，今向大姊發露懺悔，不敢覆藏。願大姊憶我 生厭離
無懺本墮罪云：大姊一心念，我某甲比丘尼，故畜衆多長衣不説淨，犯
衆多波逸提罪。故離僧伽宿，犯一捨墮。此衣已捨與僧，是中各
犯波逸提罪。又於捨長財已，用盡（壞），各犯根本波逸提罪，不憶數
若无壞者不須此語 今向大姊懺悔，不敢覆藏。懺悔則安樂，不懺悔不安樂。
憶念犯發露，知而不敢覆藏。願大姊憶我清淨戒身具足
清淨布薩 三説 云何湟云：若犯長者云：比丘尼之法，本无積聚，涅槃文中
不名爲僧。今以凡心違於佛教，甚可恥等。若離衣者云：我爲諸弟
子結戒已竟，尼不犯比丘尼，正有三衣鉢器，行必隨身，猶如飛鳥，
无所顧戀。今憍佛教，不制隨身，制者留著，豈成佛子。若離此
衣生名波戒之之人妄食信施一斤九本是尸羊同[illegible]

是臺金等出不十二數尖是前言乃至石弃戲之古置已另事

无毛与馬㪅真衆生等如是隨擬所斬三五句以示語之　方可捉石

波明還衣法　白言大姊僧聽某甲比丘尼故畜衆多長衣不說淨

犯捨墮或買得衣財犯捨墮是諸衣物已捨与僧若僧時到

僧忍聽僧今持是衣財還某甲比丘尼如是白　大姊僧聽某甲比丘尼故畜衆多

長衣不說淨犯捨墮或買得衣財犯捨墮是衣已捨与僧僧今持是衣

還某甲比丘尼誰諸長老忍僧今持是衣還某甲比丘尼者默然誰不

忍者說僧已忍還某甲比丘尼衣竟僧忍默然故是事如是持

有財云財有買得云買得若无者隨有稱之　已上明衆法懺悔了　又對首法若請懺主如上文不別　捨云

大姊一心念我某甲比丘尼故畜衆多長衣不說淨犯衆多波逸提

罪今持此衣捨与大姊　一說懺主爲說右往相如上已　先懺從生六品吉羅云大姊一心念我某甲

比丘尼故畜事長衣不說淨犯不說淨波逸提罪從衣前後藏隨夜展轉覆

比丘尼故畜一事長衣不説淨犯一波逸提罪經夜覆藏隨夜展轉覆
藏并著用犯捨夜突吉羅經夜覆藏隨夜展轉覆藏經僧
説戒默妄語突吉羅經夜覆藏隨夜展轉覆藏並犯突吉羅
罪（多少 隨稱）今向大姊發露懺悔更不敢作願大姊憶我（一説已）懺主
云自責汝心生厭離（云云已）次懺二根本突吉羅大姊一心念我某
甲比丘尼犯著用不淨衣及經僧説戒嘿妄語並犯突吉羅罪
（隨有）今向大姊發露懺悔更不敢作願大姊憶我（一説）自責汝心等如上
（云云）懺本罪云大姊一心念我某甲比丘尼故畜一事長衣不説淨犯捨墮衣
捨與僧是中有一波逸提罪今向大姊發露懺悔不敢覆藏懺
悔則安樂不懺悔不安樂憶念犯發露知而不敢覆藏願大姊憶我
身具足清淨布薩（云説已）懺主云自責汝心生厭離呵治言若者爾 還衣人（云）
[illegible]

BD00775

妙法蓮華經卷七

（後秦）鳩摩羅什 譯

BD00775v

大般若波羅蜜多經卷三八三

（唐）玄奘 譯

493cm × 25.5cm

尒時藥王菩薩即從座起偏袒右肩合掌向
佛而白佛言世尊若善男子善女人有能受
持法華經者若讀誦通利若書寫經卷得幾
所福佛告藥王若有善男子善女人供養八
百萬億那由他恒河沙等諸佛於汝意云何
其所得福寧為多不甚多世尊佛言若善男
子善女人能於是經乃至受持一四句偈讀
誦解義如說脩行功德甚多
尒時藥王菩薩白佛言世尊我今當與說法
者陁羅尼呪以守護之即說呪曰
安尒一 曼尒二 摩祢三 摩摩祢四 旨隸五 遮梨
第六 賒咩羊鳴音七 賒履因雉反 多瑋八 羶輸千反 帝九 目
帝十 目多履十一 娑履十二 阿瑋娑履十三 桑履
十四[illegible]十五[illegible]十六[illegible]十七[illegible]十八[illegible]十

膩二十二禰毗剃二十三阿便哆都餓反邏禰履剃二十四阿亶
哆波隸輸地途賈反二十五漚究隸二十六牟究隸二十七阿羅
隸二十八波羅隸二十九首迦差初几反三十阿三磨三履三十一
佛馱毗吉利袠帝三十二達磨波利差猜離反帝三十三
僧伽涅瞿沙禰三十四婆舍婆舍輸地三十五曼哆邏三十六
曼哆邏叉夜多三十七郵樓哆三十八郵樓哆憍舍略盧遮反三十九
惡叉邏四十惡叉冶多冶四十一阿婆盧四十二阿摩若荏蔗反
那多夜四十三
世尊是陁羅尼神呪六十二億恒河沙等諸
佛所說若有侵毀此法者則為侵毀是諸佛
已時釋迦牟尼佛讚藥王菩薩言善哉善哉
藥王汝愍念擁護此法師故說是陁羅尼於
諸衆生多所饒益尒時勇施菩薩白佛言世

BD00775　妙法蓮華經卷七

諸衆生多所饒益尒時勇施菩薩白佛言世
尊我亦爲擁護讀誦受持法華經者說陁羅
尼若此法師得是陁羅尼若夜叉若羅剎若
富單那若吉蔗若鳩槃荼若餓鬼等伺求其
短无能得便即於佛前而說呪曰
痤(誓蠡反)隸一摩訶痤隸二郁枳三目枳四阿隸五阿羅婆第
六涅隸第七涅隸多婆第八伊緻(猪履反)柅九韋緻柅十旨
緻柅十一涅隸墀柅十二涅犁墀婆底十三
世尊是陁羅尼神呪恒河沙等諸佛所說亦皆
隨喜若有侵毀此法師者則爲侵毀是諸佛已
尒時毗沙門天王護世者白佛言世尊我亦爲
愍念衆生擁護此法師故說是陁羅尼即說呪曰
阿梨一那梨二㝹那梨三阿那盧四那履五拘那履六

尒時持國天王在此會中與千萬億那由他乹
闥婆衆恭敬圍繞前詣佛所合掌白佛言世尊我
亦以陁羅尼神呪擁護持法華經者即說呪曰
阿伽祢一伽祢二瞿利三乹陁利四旃陁利五摩蹬
耆六常求利七浮樓莎柅八頞底九
世尊是陁羅尼神呪四十二億諸佛所說若
有侵毀此法師者則為侵毀是諸佛已
尒時有羅剎女等一名藍婆二名毗藍婆三
名曲齒四名華齒五名黑齒六名多髮七名无
猒足八名持瓔珞九名睪帝十名奪一切衆
生精氣是十羅剎女與鬼子母并其子及
眷屬俱詣佛所同聲白佛言世尊我等亦欲
擁護讀誦受持法華經者除其衰患若有伺
求法師短者令不得便即於佛前而說呪曰

BD00775　妙法蓮華經卷七

擁護讀誦受持法華經者除其衰患若有伺
求法師短者令不得便即於佛前而說呪曰
伊提履一 伊提泯二 伊提履三 阿提履四 伊提履五 泥
履六 泥履七 泥履八 泥履九 泥履十 樓醯十一 樓醯十二 樓
醯十三 樓醯十四 多醯十五 多醯十六 多醯十七 兜醯十八 㝹醯十九
寧上我頭上莫惱於法師若夜叉若羅剎若
餓鬼若富單那若吉蔗若毗陀羅若揵馱若
烏摩勒伽若阿跋摩羅若夜叉吉蔗若人吉
蔗若熱病若一日若二日若三日若四日乃至
七日若常熱病若男形若女形若童男形若童女形
乃至夢中亦復莫惱即於佛前而說偈言
若不順我呪 惱亂說法者 頭破作七分 如阿梨樹枝
如殺父母罪 亦如壓油殃 斗秤欺誑人 調達破僧罪
犯此法師者 當獲如是

身自擁護受持讀誦脩行是經者令得安隱
離諸衰患消衆毒藥佛告諸羅刹女善哉善
哉汝等但能擁護受持法華名者福不可量
何況擁護具足受持供養經卷華香瓔珞抹
香塗香燒香幡蓋伎樂然種種燈蘇燈油燈
諸香油燈蘇摩那華油燈瞻蔔華油燈婆師
迦華油燈優鉢羅華油燈如是等百千種供
養者睪帝汝等及眷屬應當擁護如是法師
說是陁羅尼品時六萬八千人得无生法忍

妙法蓮華經妙莊嚴王本事品第二十七

尒時佛告諸大衆乃往古世過无量无邊不
可思議阿僧祇劫有佛名雲雷音宿王華智
多陁阿伽度阿羅訶三藐三佛陁國名光明
莊嚴劫名憙見彼佛法中有王名妙莊嚴其

BD00775　妙法蓮華經卷七

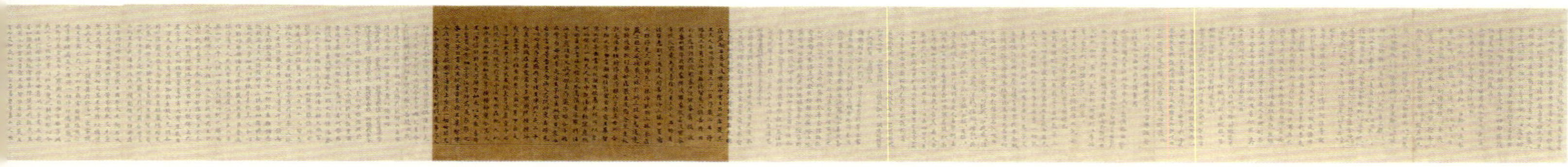

莊嚴劫名憙見彼佛法中有王名妙莊嚴其
王夫人名曰淨德有二子一名淨藏二名淨
眼是二子有大神力福德智慧久脩菩薩所
行之道所謂檀波羅蜜尸波羅蜜羼提波
羅蜜毗梨耶波羅蜜禪波羅蜜般若波羅蜜
方便波羅蜜慈悲喜捨乃至三十七品助道
法皆悉明了通達又得菩薩淨三昧日星宿
三昧淨光三昧淨色三昧淨照明三昧長莊
嚴三昧大威德藏三昧於此三昧亦悉通達
尒時彼佛欲引導妙莊嚴王及愍念衆生故
說是法華經時淨藏淨眼二子到其母所合
十指爪掌白言願母往詣雲雷音宿王華智
佛所我等亦當侍從親近供養礼拜所以者

汝等應往白父與共俱去淨藏淨眼合十指
爪掌白母我等是法王子而生此耶見家母
告子言汝等當憂念汝父為現神變若得見
者心必清淨或聽我等往至佛所於是二子
念其父故踊在虛空高七多羅樹現種種神
變於虛空中行住坐臥身上出水身下出火
身下出水身上出火或現大身滿虛空中而
復現小小復現大於空中滅忽然在地入地
如水履水如地現如是等種種神變令其父
王心淨信解時父見子神力如是心大歡喜得
未曾有合掌向子言汝等師為是誰誰之
弟子二子白言大王彼雲雷音宿王華智佛
今在七寶菩提樹下法座上坐於一切世間天
人衆中廣說法華經是我等師我是弟子父

BD00775　妙法蓮華經卷七

人衆中廣說法華經是我等師我是弟子父
語子言我今亦欲見汝等師可共俱往於是
二子從空中下到其母所合掌白母父王今
已信解堪任發阿耨多羅三藐三菩提心我
等爲父已作佛事願母見聽於彼佛所出家
脩道尒時二子欲重宣其意以偈白母
願母放我等　出家作沙門　諸佛甚難值　我等隨佛學
如優曇波羅　值佛復難是　脫諸難亦難　願聽我出家
母即告言聽汝出家所以者何佛難值故於
是二子白父母言善哉父母願時往詣雲雷
音宿王華智佛所親近供養所以者何佛難
得值如優曇波羅華又如一眼之龜值浮木
孔而我等宿福深厚生值佛法是故父母當
聽我等令得出家所以者何諸佛難值時亦

久已通達淨藏菩薩已於无量百千万億劫
通達離諸惡趣三昧欲令一切衆生離諸惡
趣故其王夫人得諸佛習三昧能知諸佛祕
密之藏二子如是以方便力善化其父令心
信解好樂佛法於是妙莊嚴王與羣臣眷屬
俱淨德夫人與後宮采女眷屬俱其王二子
與四万二千人俱一時共詣佛所到已頭面
礼足繞佛三帀却住一面尒時彼佛為王說
法示教利喜王大歡悅尒時妙莊嚴王及其
夫人解頸真珠瓔珞價直百千以散佛上於
虛空中化成四柱寶臺臺中有大寶床敷百
千万天衣其上有佛結跏趺坐放大光明尒
時妙莊嚴王作是念佛身希有端嚴殊特成
就第一微妙之色時雲雷音宿王華智佛告

BD00775　妙法蓮華經卷七

就第一微妙之色時雲雷音宿王華智佛告
四衆言汝等見是妙莊嚴王於我前合掌立
不此王於我法中作比丘精勤脩習助佛道
法當得作佛号娑羅樹王國名大光劫名大
高王其娑羅樹王佛有无量菩薩衆及无量
聲聞其國平正功德如是其王即時以國付
弟與夫人二子并諸眷屬於佛法中出家脩
道王出家已於八万四千歳常勤精進脩行
妙法華經過是已後得一切淨功德莊嚴三
昧即昇虚空高七多羅樹而白佛言世尊此
我二子已作佛事以神通變化轉我耶心令
得安住於佛法中得見世尊此二子者是我
善知識為欲發起宿世善根饒益我故來生
我家尒時雲雷音宿王華智佛告妙莊嚴王

示教利喜令入阿耨多羅三藐三菩提大王
當知善知識者是大因緣所謂化導令得見
佛發阿耨多羅三藐三菩提心大王汝見此
二子不此二子已曾供養六十五百千万億
那由他恒河沙諸佛親近恭敬於諸佛所受
持法華經愍念邪見衆生令住正見妙莊嚴
王即從虛空中下而白佛言世尊如來甚希
有以功德智慧故頂上肉髻光明顯照其眼
長廣而紺青色眉間豪相白如珂月齒白齊
密常有光明脣色赤好如頻婆菓尒時妙莊
嚴王讃嘆佛如是等无量百千万億功德已
於如來前一心合掌復白佛言世尊未曾有
也如來之法具足成就不可思議微妙功德
教戒所行安隱快善我從今日不復自隨心

教義所行安隱快善我從今日不復自隨心
行不生耶見憍慢瞋恚諸惡之心說是語已
礼佛而出佛告大衆於意云何妙莊嚴王豈
異人乎今華德菩薩是其淨德夫人今佛前
光照莊嚴相菩薩是哀愍妙莊嚴王及諸眷
屬故於彼中生其二子者今藥王菩薩藥上
菩薩是是藥王藥上菩薩成就如此諸大功
德已於无量百千万億諸佛所殖衆德本成
就不可思議諸善功德若有人識是二菩薩
名字者一切世間諸天人民亦應礼拜佛說
是妙莊嚴王本事品時八万四千人遠塵離
垢於諸法中得法眼淨

妙法蓮華經普賢菩薩勸發品第廿八

尒時普賢菩薩以自在神通力威德名聞與大

種伎樂又與无數諸天龍夜叉乾闥婆阿脩
羅迦樓羅緊那羅摩睺羅伽人非人等大衆
圍繞各現威德神通之力到娑婆世界耆闍
崛山中頭面礼釋迦牟尼佛右繞七帀白佛
言世尊我於寶威德上王佛國遥聞此娑婆
世界說法華經與无量无邊百千万億諸菩
薩衆共來聽受唯願世尊當為說之若善男
子善女人於如來滅後云何能得是法華經
佛告普賢菩薩若善男子善女人成就四法
於如來滅後當得是法華經一者為諸佛護
念二者殖衆德本三者入正定聚四者發救
一切衆生之心善男子善女人如是成就四
法於如來滅後必得是經尒時普賢菩薩白
佛言世尊於後五百歲濁惡世中其有受持

BD00775　妙法蓮華經卷七

佛言世尊於後五百歲濁惡世中其有受持
是經典者我當守護除其衰患令得安隱使
无伺求得其便者若魔若魔子若魔女若魔
民若為魔所著者若夜叉若羅剎若鳩槃荼
若毗舍闍若吉蔗若富單那若韋陁羅等諸
惱人者皆不得便是人若行若立讀誦此經
我尒時乘六牙白象王與大菩薩衆俱詣其
所而自現身供養守護安慰其心亦為供養
法華經故是人若坐思惟此經尒時我復乘
白象王現其人前其人若於法華經有所忘
失一句一偈我當教之與共讀誦還令通利
尒時受持讀誦法華經者得見我身甚大
歡喜轉復精進以見我故即得三昧及陁羅
尼名為旋陁羅尼百千萬億旋陁羅尼法音

婆夷求索者受持者讀誦者書寫者欲脩習
是法華經於三七日中應一心精進滿三七
日已我當乘六牙白象與无量菩薩而自圍
繞以一切衆生所憙見身現其人前而為說
法示教利憙亦復與其陁羅尼呪得是陁羅
尼故无有非人能破壞者亦不為女人之所
惑亂我身亦自常護是人唯願世尊聽我說
此陁羅尼呪即於佛前而說呪曰
阿檀地 途賣反 一 檀陁婆地 二 檀陁婆帝 三 檀陁鳩舍隸 四 檀
陁脩陁隸 五 脩陁隸 六 脩陁羅婆底 七 佛馱波羶祢 八 薩
婆陁羅尼阿婆多尼 九 薩婆婆沙阿婆多尼 十 脩阿
婆多尼 十一 僧伽婆履叉尼 十二 僧伽涅伽陁尼 十三 阿僧祇
十四 僧伽波伽地 十五 帝隸阿惰僧伽兜略 盧遮反 阿羅帝波羅帝 十六
薩婆僧伽三摩地伽蘭地 十七 薩婆達磨脩波利剎帝 十八

薩婆僧伽三摩地伽蘭地十七薩婆達磨脩波利剎帝十八
薩婆薩埵樓馱憍舍略阿㝹伽地十九辛阿毗吉利地帝二十
世尊若有菩薩得聞是陁羅尼者當知普賢
神通之力若法華經行閻浮提有受持者應
作此念皆是普賢威神之力若有受持讀誦
正憶念解其義趣如說脩行當知是人行普賢
行於无量无邊諸佛所深種善根為諸如来手
摩其頭若但書寫是人命終當生忉利天上是
時八萬四千天女作衆伎樂而来迎之其人即著
七寶冠於采女中娛樂快樂何況受持讀誦正
憶念解其義趣如說脩行若有人受持讀誦
解其義趣是人命終為千佛授手令不恐怖不
墮悪趣即往兜率天上彌勒菩薩所彌勒菩薩
有三十二相大菩薩衆所共圍繞有百千萬億

如說脩行世尊我今以神通力故守護是經於如
來滅後閻浮提內廣令流布使不斷絕尒時釋迦
尼佛讚言善哉善哉普賢汝能護助是經令多
所衆生安樂利益汝已成就不可思議功德
深大慈悲從久遠來發阿耨多羅三藐三菩
提意而能作是神通之願守護是經我當以
神通力守護能受持普賢菩薩名者普賢
若有受持讀誦正憶念脩習書寫是法華經
者當知是人則見釋迦牟尼佛如從佛口聞
此經典當知是人供養釋迦牟尼佛當知是人
佛讚善哉當知是人為釋迦牟尼佛手摩其頭
當知是人為釋迦牟尼佛衣之所覆如是之人
不復貪著世樂不好外道經書手筆亦復不
喜親近其人及諸惡者若屠兒若畜猪羊雞

BD00775　妙法蓮華經卷七

憙親近其人及諸惡者若屠兒若畜猪羊雞
狗若獵師若衒賣女色是人心意質直有正憶
念有福德力是人不為三毒所惱亦不為嫉妬
我慢耶慢增上慢所惱是人少欲知足能脩普
賢之行普賢若如來滅後後五百歲若有人見
受持讀誦法華經者應作是念此人不久當
詣道場破諸魔眾得阿耨多羅三藐三菩提
轉法輪擊法鼓吹法螺雨法雨當生天人大眾
中師子法座上普賢若於後世受持讀誦是經
典者是人不復貪著衣服臥具飲食資生之物
所願不虛亦於現世得其福報若有人輕毀之
言汝狂人耳空作是行終无所獲如是罪報當
世世无眼有供養讚歎之者當於今世得現果報
若復見受持是經者出其過惡若實若不實此人

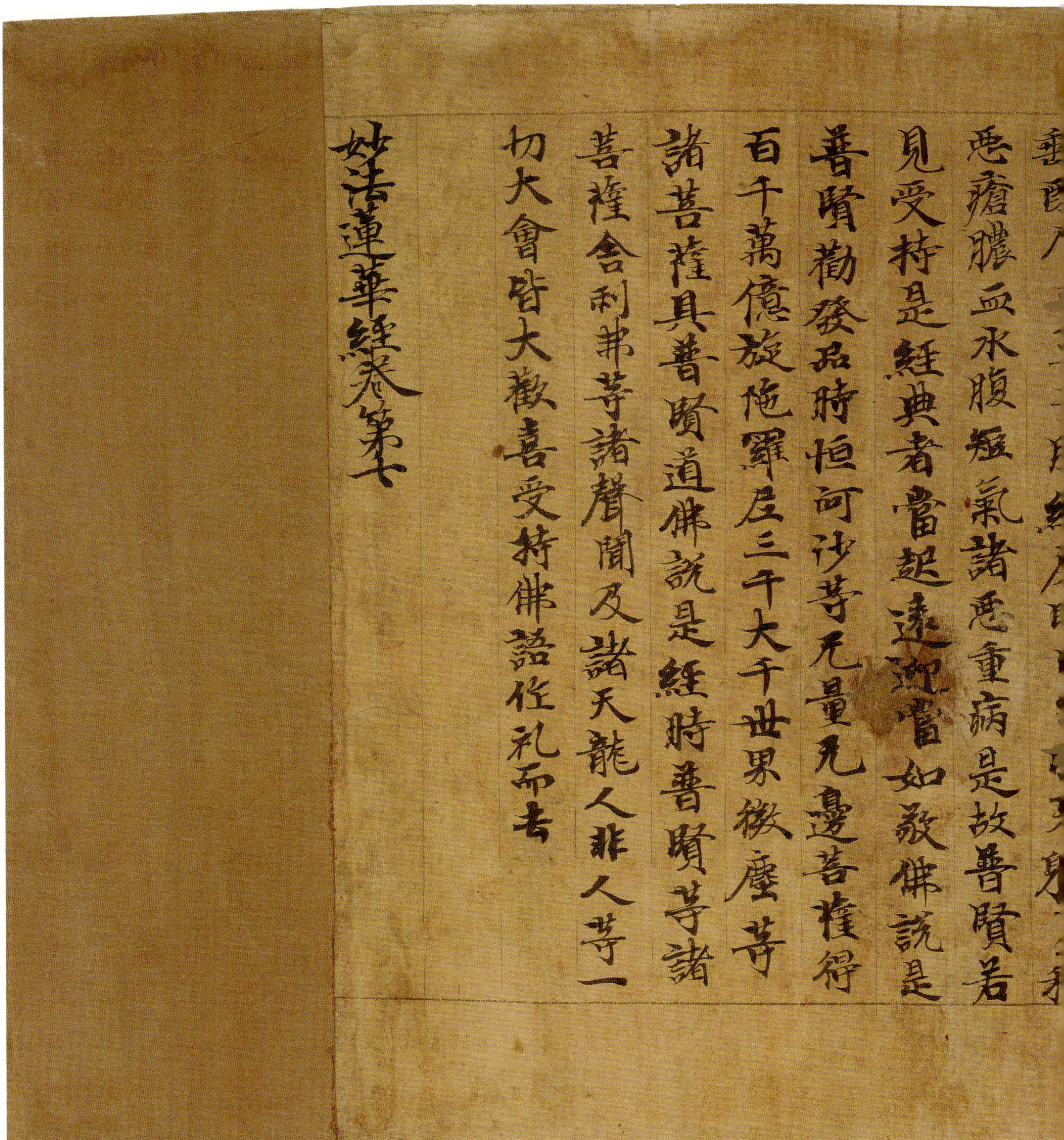

惡瘡膿血水腹短氣諸惡重病是故普賢若
見受持是經典者當起遠迎當如敬佛說是
普賢勸發品時恒河沙等无量无邊菩薩得
百千萬億旋陁羅尼三千大千世界微塵等
諸菩薩具普賢道佛說是經時普賢等諸
菩薩舍利弗等諸聲聞及諸天龍人非人等一
切大會皆大歡喜受持佛語作礼而去

妙法蓮華經卷第七

BD00775　妙法蓮華經卷七

（11－11）

BD00775　妙法蓮華經卷七

實際爲有
如實際爲有異不耳鼻舌身
真如實際爲有異不世尊眼觸與法界真如
實際爲有異不耳鼻舌身意觸與法界真如
實際爲有異不世尊眼觸爲緣所生諸受與
法界真如實際爲有異不耳鼻舌身意觸
緣所生諸受與法界真如實際爲有異不世
尊地界與法界真如實際爲有異不水火風
空識界與法界真如實際爲有異不世尊因
緣與法界真如實際爲有異不等无間緣所
緣緣增上緣與法界真如實際爲有異不世
尊從諸緣所生法與法界真如實際爲有異
不世尊无明與法界真如實際爲有異不行

惱與法界真如實際為有異不世尊布施波

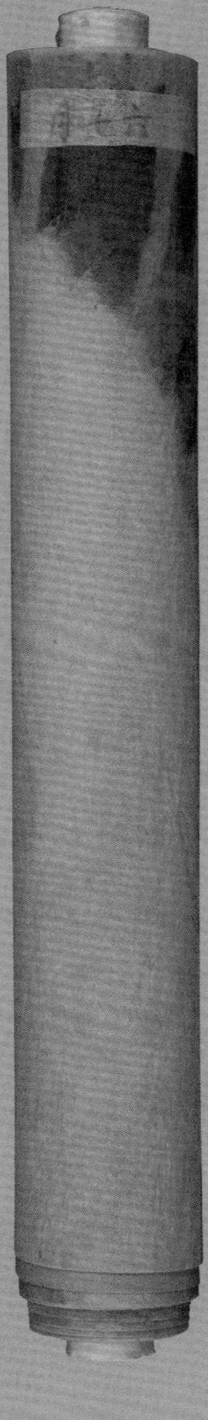

BD00776 金光明最勝王經卷四

（唐）義净 譯

545.9cm × 27.5cm

八
五静
速能破壞
波羅蜜因譬如意
度生死險道獲功德寶故是名第七
方便勝智波羅蜜因譬如淨月圓滿无翳此
心能於一切境界清淨具足故是名第八願
波羅蜜因譬如轉輪聖王主兵寶臣隨意自
在此心善能莊嚴淨佛國土无量功德廣利
羣生故是名第九力波羅蜜因譬如虛空及
轉輪聖王此心能於一切境界无有障礙於
一切處皆得自在至灌頂位故是名第十智
波羅蜜因善男子是名菩薩摩訶薩十種菩
是心自

羅蜜云何爲五一者信根二者慈悲三者无
心四者攝受一切衆生五者願求一切
善男子是名菩薩摩訶薩成就布施波
善男子復依五法菩薩摩訶薩成就持
羅蜜云何爲五一者三業清淨二者不
衆生作煩惱因緣三者閉諸惡道開
善趣門四者過於聲聞獨覺之地五者一切
功德皆悉滿足善男子是名菩薩摩訶薩成
就持戒波羅蜜善男子復依五法菩薩摩訶
薩成就忍辱波羅蜜云何爲五一者能伏貪瞋
煩惱二者不惜身命不求安樂止息
三者思惟往業遭苦能忍四者發慈
就衆生諸善根故五者爲得甚深无生法忍
善男子是名菩薩摩訶薩成就忍辱波羅蜜

BD00776　金光明最勝王經卷四

善男子是名菩薩摩訶薩成就忍辱波羅蜜
善男子復依五法菩薩摩訶薩成就勤策
波羅蜜云何為五一者與諸煩惱不樂共住
二者福德未具不受安樂三者於諸難行苦
行之事不生厭心四者以大慈悲攝受利益方
便成熟一切衆生五者願求不退轉地善男
子是名菩薩摩訶薩成就勤策波羅蜜善男
子復依五法菩薩摩訶薩成就靜慮波羅
蜜云何為五一者於諸善法攝令不散故二者
常願解脫不著二邊故三者願得神通成就
衆生諸善根故四者為淨法界蠲除心垢故
五者為斷衆生煩惱根本故善男子是名菩
薩摩訶薩成就靜慮波羅蜜善男子復依五
法菩薩摩訶薩成就智慧波羅蜜云何為五
一者常於一切諸

樂開无有敵足三者真俗勝智樂善分別
四者見修煩惱咸速斷除五者世間伎術五
明之法皆悉通達善男子是名菩薩摩訶薩
成就智慧波羅蜜善男子復依五法菩薩摩訶
成就方便波羅蜜云何為五一者於一切
衆生意樂煩惱心行差別悉皆通達二者无
量諸法對治之門心皆曉了三者大慈悲定
出入自在四者於諸波羅蜜多皆願修行成
熟滿足五者一切佛法皆願了達攝无受遺
善男子是名菩薩摩訶薩成就方便勝智波
羅蜜善男子復依五法菩薩摩訶薩成就願
波羅蜜云何為五一者於一切法從本以來
不生不滅非有非无心得安住二者觀一切
法寂妙理趣離垢清淨心得安住三者過一

不生不滅非有非無心得安住二者觀一切
法寂妙理趣離垢清淨心得安住三者過一
切相心本真如无作无行不異不動心得安
住四者爲欲利益諸衆生事於俗諦中心得
安住五者於奢摩他毗鉢舍那同時運行心
得安住善男子是名菩薩摩訶薩成就願波
羅蜜善男子復依五法菩薩摩訶薩成就力
波羅蜜云何爲五一者以正智力能了一切
衆生心行善惡二者能令一切衆生入於甚
深微妙之法三者一切衆生輪迴生死隨其
緣業如實了知四者於諸衆生三種根性以
正智力能分別知五者於諸衆生如理爲說
令種善根成熟度脫皆是智力故善男子是
名菩薩摩訶薩成就力波羅蜜善男子復依
五法菩薩摩訶薩成就智波羅蜜云何爲五
一者於諸法中了知善惡二者於黑白法遠

訶攝受三者能於[illegible]
具福智行至究竟處五者受勝灌頂能得諸
佛不共法等及一切智智善男子是名菩薩
摩訶薩成就智波羅蜜善男子何者是波羅
蜜義所謂脩習勝利是波羅蜜義滿足无量
大甚深智是波羅蜜義行非行法心不執著
是波羅蜜義生死過失涅槃功德正覺正觀
是波羅蜜義愚人智人皆悉攝受是波羅蜜
義能現種種珎妙法寶是波羅蜜義无礙解
脫智慧滿足是波羅蜜義法界衆生界正分
別知是波羅蜜義施等及智能令至不退轉
是波羅蜜義无生法忍能令滿足是波羅蜜
義一切衆生功德善根能令成熟是波羅蜜
義能於菩提成佛十力四无所畏不共法等
皆悉成就是波羅蜜義生死涅槃了无二相
是波羅蜜義齊受一切是波羅蜜義一切外

BD00776　金光明最勝王經卷四

皆悉成就是波羅蜜義生死涅槃了无二相
是波羅蜜義濟度一切是波羅蜜義一切外
道来相詰難善能解釋令其降伏是波羅蜜
義能轉十二妙行法輪是波羅蜜義无所著
无所見无患累是波羅蜜多義
善男子初地菩薩是相先現三千大千世界无
量无邊種種寶藏无不盈滿菩薩悉見善
男子二地菩薩是相先現三千大千世界地平
如掌无量无邊種種妙色清淨珎寶莊嚴
之具菩薩悉見善男子三地菩薩是相先現
自身勇健甲仗莊嚴一切惡賊皆能摧伏菩
薩悉見善男子四地菩薩是相先現四方風
輪種種妙花悉皆散灑充布地上菩薩悉見
善男子五地菩薩是相先現有妙寶女衆寶
瓔珞周遍嚴身首冠名花以為其飾菩薩悉

盈滿嗢鉢羅花拘物頭花分陀利花隨處莊
嚴於花池所遊戲快樂清涼无比菩薩悉見
善男子七地菩薩是相先現於菩薩前有諸
衆生應墮地獄以菩薩力便得不墮无有損
傷亦无恐怖菩薩悉見善男子八地菩薩是相
先現於身兩邊有師子王以為衛護一切衆
獸悉皆怖畏菩薩悉見善男子九地菩薩是
相先現轉輪聖王无量億衆圍遶供養頂上
白蓋無量衆寶之所莊嚴菩薩悉見善男子
十地菩薩是相先現如來之身金色晃耀无
量淨光悉皆圓滿有无量億梵王圍遶恭
敬供養轉於无上微妙法輪菩薩悉見
善男子云何初地名為歡喜謂初證得出世
之心昔所未得而今始得於大事用如其所願

BD00776　金光明最勝王經卷四

之心昔所未得而今始得於大事用如其所願
悉皆成就生極喜樂是故㝡初名為歡喜
諸微細垢犯戒過失皆得清淨是故二地名
為无垢无量智慧三昧光明不可傾動无能
摧伏聞持陁羅尼以為根本是故三地名為明
地以智慧火燒諸煩惱增長光明修行覺品
是故四地名為焰地修行方便勝智自在極
難得故見修煩惱難伏能伏是故五地名為
難勝行法相續了了顯現无相思惟皆悉現
前是故六地名為現前无漏无間无相思惟
解脫三昧遠修行故是地清淨无有障㝵是
故七地名為遠行无相思惟修得自在諸煩
惱行不能令動是故八地名為不動說一切
法種種差別皆得自在无患无累增長智慧

智慧如大雲皆能遍滿覆一切
名爲法雲
善男子執著有相我法无明怖畏生死惡趣
無明此二无明障於初地微細學處誤犯无
明發起種種業行无明此二无明障於二地未
得令得愛著无明能障殊勝總持无明此二
无明障於三地味著等至喜悅无明微妙淨
法愛樂无明此二无明障於四地欲背生死
無明希趣涅槃无明此二无明障於五地觀
行流轉无明麁相現前无明此二无明障於
六地微細諸相現行无明作意欣樂无相无
明此二无明障於七地於无相觀功用无明
執相自在无明此二无明障於八地於所說
義及名句文此二无量未善巧无明於詞辯
才不隨意无明此二无明障於九地於大神

BD00776　金光明最勝王經卷四

才不隨意无明此二无明障於九地於大神
通未得自在變現无明微細秘密未能悟解
事業无明此二无明障於十地於一切境微細
所知障㝵无明極細煩惱麁重无明此二
无明障於佛地
善男子菩薩摩訶薩於初地中行施波羅蜜
於第二地行戒波羅蜜於第三地行忍波羅
蜜於第四地行勤波羅蜜於第五地行定波
羅蜜於第六地行慧波羅蜜於第七地行方
便勝智波羅蜜於第八地行願波羅蜜於第
九地行力波羅蜜於第十地行智波羅蜜善
男子菩薩摩訶薩㝡初發心攝受能生妙寶
三摩地第二發心攝受能生可愛樂三摩地
第三發心攝受能生難動三摩地第四發心

能三摩地第七發心攝受能生一切願如意
成就三摩地第八發心攝受能生現前證住
三摩地第九發心攝受能生智藏三摩地第
十發心攝受能生勇進三摩地善男子是名
菩薩摩訶薩十種發心善男子菩薩摩訶
薩於此初地得陁羅尼名依功德力尒時世尊
即說呪曰
怛姪他　晡律你曷奴喇剃
獨虎獨虎獨虎　耶跋蘇利瑜
阿婆婆薩底丁里反下皆同　耶跋旃達囉
調　怛底　多跋達路叉漫
憚荼鉢喇訶嚂　矩嚕　莎訶
善男子此陁羅尼是過一恒河沙數諸佛所
說為護初地菩薩故若有誦持此陁羅尼呪

BD00776　金光明最勝王經卷四

說為護初地菩薩故若有誦持此陁羅尼呪
者得脫一切怖畏所謂虎狼師子惡獸之
類一切惡鬼人非人等怨賊災橫及諸苦惱
解脫五障不妄念初地
善男子菩薩摩訶薩於第二地得陁羅尼
名善安樂住
怛姪他 嗢篅入聲下同丁桼反里
質里質里 嗢篅羅篅羅喃
繕覩繕覩 嗢篅里 虎嚕虎嚕莎訶
善男子此陁羅尼是過二恒河沙數諸佛所
說為護二地菩薩故若有誦持此陁羅尼呪
者脫諸怖畏惡獸惡鬼人非人等怨賊災橫
及諸苦惱解脫五障不妄念二地
善男子菩薩摩訶薩於第三地得陁羅尼名

羯喇欐 高 嚬欐 雞由哩 憚欐里莎訶
善男子此陀羅尼是過三恒河沙數諸佛所
說為護三地菩薩故若有誦持此陀羅尼呪
者脫諸怖畏惡獸惡鬼人非人等怨賊灾横
及諸苦惱解脫五障不安念三地
善男子菩薩摩訶薩於第四地得陀羅尼名
大利益
怛 姪 他 室 唎 室 唎
陀弭你陀弭你 陀哩陀哩你
室唎室唎你 毗舍羅波世波始娜
畔陀弭 帝 莎訶
善男子此陀羅尼是過四恒河沙數諸佛所
說為護四地菩薩故若有誦持此陀羅尼呪
者脫諸怖畏惡獸惡鬼人非人等怨賊灾横

說爲護四地菩薩故若有誦持此陀羅尼呪
者能諸怖畏惡獸惡鬼人非人等怨賊災橫
及諸苦惱解脫五障不安念四地
善男子菩薩摩訶薩於第五地得陀羅尼名
種種功德莊嚴
怛姪他 訶哩訶引哩你
遮哩遮引哩你 羯囉摩引你
僧羯囉摩引你 三婆山你瞻跋你
悉就婆你謨漢你 碎闍步陛莎訶
善男子此陀羅尼是過五恒河沙數諸佛所
說爲護五地菩薩摩訶薩故若有誦持此陀
羅尼呪者能諸怖畏惡獸惡鬼人非人等怨
賊災橫及諸苦惱解脫五障不安念五地
善男子菩薩摩訶薩於第六地得陀羅尼名
圓滿智

嚕嚕嚕嚕　主嚕主嚕

杜嚕婆杜嚕婆　捨捨設者婆哩灑

莎入悉底薩婆薩埵喃　悉甸覩湯

曼怛羅鉢陁你莎訶

善男子此陁羅尼是過六恒河沙數諸佛所

說為護六地菩薩摩訶薩故若有誦持此陁

羅尼呪者脫諸怖畏惡獸惡鬼人非人等怨

賊災橫及諸苦惱解脫五障不妄念六地

善男子菩薩摩訶薩於第七地得陁羅尼名

法勝行

怛　姪　他　句訶上　句訶引　嚕

句訶句訶句訶嚕　鞞陸抧鞞陸抧

阿蜜栗多唬漢你　勃里山你

鞞嚕勒抧婆嚕伐底　鞞提呬抧

頻陁鞞里你　阿蜜哩底抧

鞞嚕梨杝婆嚕伐底　鞞揭　呬　杝
頻陀耕　哩　你　阿蜜　哩　底　枳
薄虎　主　愈　　薄虎主愈莎訶
善男子此陀羅尼是過七恒河沙數諸佛所
說爲護七地菩薩故若有誦持此陀羅尼呪
者脫諸怖畏惡獸惡鬼人非人等怨賊灾横
及諸苦惱解脫五障不安念七地
善男子菩薩摩訶薩於八地得陀羅尼名无
盡藏
怛　姪　他　室唎室唎室唎你
蜜　底　蜜　底　羯哩羯哩醯嚕醯嚕
主　嚕　主　嚕　畔陀　彌　莎　訶
善男子此陀羅尼是過八恒河沙數諸佛所
說爲護八地菩薩故若有誦持此陀羅尼呪者
脫諸怖畏惡獸惡鬼人非人等惡賊灾横及
諸苦惱解脫五障不安念八地

无量門
怛　姪　他　訶哩旃　荼哩　枳
俱藍婆　嚬天里反呼下　體　都　剌　死
拔吒拔吒死室唎室唎　迦室哩迦　必　室　唎
莎　悉　底　薩婆薩埵喃莎訶
善男子此陁羅尼是過九恒河沙數諸佛所
說為護九地菩薩故若有誦持此陁羅尼呪
者脫諸怖畏惡獸惡鬼人非人等怨賊灾橫及
諸苦惱解脫五障不妄念九地
善男子菩薩摩訶薩於第十地得陁羅尼名
破金剛山
怛　姪　他　悉　提去　蘇　悉　提去
謨　折　你　木　察　你　毗　末　底　菴　末　麗
毗　末　麗　涅　末　麗　忙　揭　麗
呬　蘭　若　揭　鞞　曷　剌　怛　娜　揭　鞞

毗末羅　湿　末　羅　　怛　揭　羅
呬　囒　若　揭　鞞　遏　喇　怛　娜　揭　鞞
三　曼　多　跋　姪　羅　薩　婆　頞　他　娑　憚　你
摩捺斯莫訶摩捺斯　頞　步　底
頞　咥　步　底　阿　喇　誓　毗　刺　誓
頞主底菴蜜栗底　阿　喇　誓　毗　喇　誓
跋　盧　謎　跋　羅　鉗　磨　莎　入　羅
晡　喇　你　晡　喇　娜　曼　奴　喇　剃　莎　訶

善男子此陁羅尼灌頂吉祥句是過十恒河沙數諸佛所說為護十地菩薩故若有誦持此陁羅尼呪者脫諸怖畏惡獸惡鬼人非人等惡賊災橫一切毒害皆悉除滅解脫五障不忘念十地

尒時師子相无礙光𦦨菩薩聞佛說此不可思議陁羅尼已即從座起偏袒右肩右膝著

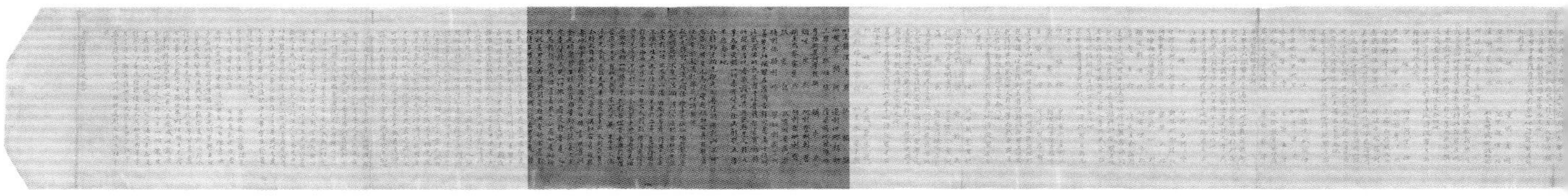

如来明慧眼　不見一法相　復以正法眼　普照不思議
不生於一法　亦不滅一法　由斯平等見　得至无上處
不壞於生死　亦不住涅槃　不著於二邊　是故證圓寂
於淨不淨品　世尊知一味　由不分別故　獲得最清淨
世尊无邊身　不說於一字　令諸弟子衆　法雨皆充滿
佛觀衆生相　一切種皆无　然於苦惱者　常興於救護
苦樂常无常　有我无我等　不一亦不異　不生亦不滅
法界无分別　是故无異乘　為度衆生故　分別說有三
尒時大自在梵天王亦從座起偏袒右肩右膝
著地合掌恭敬頂礼佛足而白佛言世尊此
金光明最勝王經希有難量初中後善文義
究竟皆能成就一切佛法若受持者是人
則為報諸佛恩佛言善男子如是如是如汝
所說善男子若得聽聞是經典者皆不退於
阿耨多羅三藐三菩提何以故善男子是能

BD00776　金光明最勝王經卷四

阿耨多羅三藐三菩提何以故善男子是
成熟不退地菩薩殊勝善根是第一法印是
衆生王故應聽聞受持讀誦何以故善男子
若一切衆生未種善根未成熟善根未親近
諸佛者不能聽聞是微妙法若善男子善女
人能聽受者一切罪障皆悉除滅得家清淨
常得見佛不離諸佛及善知識勝行之人恒
聞妙法住不退地獲得如是勝陁羅尼門所
謂无盡无減海印出妙功德陁羅尼无盡无
減通達衆生意行言語陁羅尼无盡无減日
圓无垢相光陁羅尼无盡无減滿月相光陁
羅尼无盡无減能伏諸惑演功德流陁羅尼
无盡无減破金剛山陁羅尼无盡无減說不
可說義因緣藏陁羅尼无盡无減通達實
語法則音聲陁羅尼无盡无減虛空无垢心

行所陁羅尼无盡无滅无邊佛身能現陁
羅尼无盡无滅善男子如是等无盡无滅諸
陁羅尼門得成就故是菩薩摩訶薩能於十
方一切佛土化作佛身演說无上種種正法於
法真如不動不住不來不去善能成熟一切衆
生善根亦不見一切衆生可成熟者雖說種種
諸法於言詞中不動不住不去不來能於生滅
證无生滅以何因緣說諸行法无有去來由一
切法體无異故說是法時三万億菩薩摩訶薩
得无生法忍无量諸菩薩不退菩提心无量
无邊苾芻苾芻尼得法眼淨无量衆生發菩
薩心尒時世尊而說頌曰

勝法能逆生死流　甚深微妙難得見
有情盲冥貪欲覆　由不見故受衆苦

尒時大衆俱從座起頂禮佛足而白佛言世

尒時大衆俱從座起頂礼佛足而白佛言世
尊若所在處講宣讀誦此金光明最勝王經
我等大衆皆悉往彼為作聽衆是說法師令
得利益安樂无障身意泰然我等皆當盡
心供養亦令聽衆安隱快樂所住國土无諸
怨賊恐怖厄難飢饉之苦人民熾盛此說法
處道場之地一切諸天人非人等一切衆生
不應履踐及以汙穢何以故說法之處即是
制底常以香花繒綵幡蓋而為供養我等常
為守護令離衰損佛告大衆善男子汝等
應當精勤脩習此妙經典是則正法久住於
世

金光明最勝王經卷第四

BD00776　金光明最勝王經卷四

BD00777 四分律戒本疏卷三

沙門慧述

113.5cm×26.8cm

別入若作人在一處或從前運過不住若若病發倒地若力勢所持或被
繫縛或命梵難不犯　屏與女人坐戒卅四　制意同前唯無第三人爲
異別緣有一是俗女二是屏處三無第三人四申手不及五受坐犯　已下兩
明戒本此戒同前戒　若比丘食家中有寶在屏處坐者波逸提　文有
四句一犯人二食家有寶三屏處四結犯　弁相文中前處一可知三言屏處
者若樹墻壁籬障若衣及餘物障故名屏處　此中犯者謂夫主不
在獨與其妻屏坐故犯提　多論云閑與無淨人提用已外有淨人去戶
內有淨人不犯　祇云若母姊妹若大小淨人睡眠癡狂嬰兒雖有是人
名獨不堪爲證故同犯位若淨人作務來往不斷若閣上閣下淨人看
見者不犯　開緣如前戒　獨與俗女露坐戒卅五　制意同前別緣有四
一是俗人女二是露處三無第三人此是雖見聞屏而非重物前故稱露處故
與前戒並用第三人四在申手內坐犯若申手外吉　已下兩明戒本此戒犯緣與
前戒同　若比丘獨與女人露地坐者波逸提　此滿足戒本文有四句一犯人二
犯境三犯處四結罪　初句可知二言獨者一女人一比丘第三言女人者是犯境律
云人女有知命根不斷　第三言露地者是犯處謂在見聞屏處相去
申手內坐故十律云相去一丈犯第四言波逸提者是遠犯故律云獨與女
坐無第三人爲證隨去還坐隨爾數隨相去一尋內犯提一尋半犯吉

二尋已外无犯　十云相去一丈五十云二丈不犯弁相開緣並同前戒不犯
駈他出聚落戒卅六　制意者凡出家之人理懷貞實忠信自居先許
他家食而責不与惡心駈出時限已過使他一日不得食以充饑惱受至
重故所以制　別緣有三一是大比丘二先許三不与食四无因緣謂有難
殞命梵等難不犯故尓五惡心駈出六相離見聞或彼去已去故　已下
兩明戒本此戒因跋難陀令餘比丘至食時駈不得食仏便制戒　若比丘
語餘比丘如是語大德共至聚落當与汝食彼比丘竟不教与是比丘食
語言汝去我与汝一處若坐若語不樂我獨坐獨語樂以此因緣非餘
方便遣去者波逸提　此滿足之戒本中文有三句一犯人二語餘下至如与食
兩明將至聚落許与彼食三彼比丘竟不与下不与彼食遣去結罪以此因緣
者謂是惱乱因緣非餘不犯等緣如无威儀等弁相者初句可知言
聚落者有四種村如上言与食者謂是五正明律云若方便僧見受至
聞受犯吉互作名吉見聞俱離犯提律云不犯者与食遣去若病若无
威儀人見不喜自送食与若破戒破見等故若命梵等難若无嗔恨
名无嫌心惡不犯　過受四月藥請戒卅七　制意者然篤信居士供辦
養藥正請僧衆虔心供養施主有限宜應將護稱務而受令過
受他藥長貪惱物敗善增而傾受不從故今聖制　別緣具六

受他藥長貪惣物散善増要積受不捨故今聖制　别緣具六一
是藥清二施心限定三知與限定四過限而受五无因緣六食咽犯已下
此明戒本此曰六群比丘起過故制　若比丘請四月与藥无病比丘應受
若過受除常請更請分請盡形受請彼逸提　此滿足戒本文有
六句一犯人二藥請三无病下教齊四月四過受五開緣六過受結犯弁
相中比丘者如上釋二月四請与藥者律云四月者夏四月也　衹云春夏
冬三時俱犯三言无病比丘應受者教齊四月受之此是藥受方法四若
過受者此明是四月受律云若夜藥有分齊夏四月應受若夜
无分齊隨施時應受不論藥分齊五言除常請者明開受緣
律云常請者施主作如是言我常与藥更請者新已後復更
請与藥分請者從藥至迦盡中分与盡形壽請者施主言我常
盡形壽与藥從前四句通違開緣弟六言彼逸提是遠犯句律云四藥
已中過受三藥俱犯提罪故伽論云過時藥名犯提罪七日盡形如
律下文警一所教眼藥故知是犯如施主一食過受常白犯並況過四
月受寧不犯提故十律云過四月已後索藥等七日藥及終身中樹墻
草麩搯等犯提若索酥醞勸等三吉羅非時藥糖又蔡患羨敬受教希
故小罪問施一食中過受稱當犯提此受稱當何以便重　答彼与身外塗
[illegible]

之此答既是外用過受義希故彼犯輕吉施由貪過受義數故得提罪又
善論若壇越四月与由索藥吉羅故知索藥罪輕過受便重所以者解言
施主先有好心四月与藥期隨已滿供養心息過受致惱損惱敗丢惡
又復素前供養人善過受故過受重若索藥者以其居士先无施
心乞任彼量損惱義微又以施主先无心故乞希故輕与衣不同衣
資義寬与乞過受又二俱是數故希犯提罪律云不犯者如戒四緣是
觀軍陣戒卅八　制意者凡軍陣凶險兵刃交競貪則傾敗儀尔歡便
令心蕩逸損識損道懸深過極交遠荒落故不聽觀別緣有四一是軍
陣二故往觀三无因緣謂被請及軍陣後重水陸險難等不犯故四往見
便犯已下二句明戒本此戒自六群觀陣故斯進見心甚不悅仏便制戒
若比丘往觀軍陣除時因緣故違提　此滿足戒本文有四句一犯人二
觀陣三開緣四結罪　弁相中初句可知二言軍陣者於中有三一釋
名軍帶七聚稱軍行列相對名陣二舉數者律云軍有四種謂象
馬車步等今雜二種如律廣說都有卅六軍三弁相者秘去多力取
大四人護之成一象軍馬力次弱八人護之成一馬軍車軍次弱十六人護成
一車軍卅人帶仗成一步軍所言陳者行列相對或便方或圓或半月於
或張頸或咸陣等若戲若闘戰三言除因緣者律云若自有事須往若
或請喚乃至勢力將去及餘種種不自在家四言故違提者是違犯結罪

彼請喚乃至勢力將去及餘種種不自在家四言彼逸提者是遠犯結罪
句律云彼比丘往觀軍陣從道至道從至非道乃至從至高去若見者犯
提不見吉羅若比丘方便莊嚴欲觀而不去者吉若比丘先在道中軍陣
後至應避下道若不避者吉乃至下惑亦爾若見犯提不見吉羅式叉尼
逢軍不著見者無犯若作意舉頭窺看見提若天王出作意看者越乃
至看盡生湖及看人諍只尋得越十诵為作無常觀故雖觀不犯如前所
親 有緣至軍過限宿戒卅九 別緣有五句一有因緣至軍中宿二曾過二
宿三未三宿不離見聞處四無因緣謂二道斷命梵難不去無罪五過
三夜明相出犯 已下正明戒本出戒因六群有緣至軍中宿了名士譏嫌
比丘舉過仏仏制戒 若比丘有因緣聽至軍中二宿三宿過者波逸提
此滿足戒本文有三句一犯人二開緣三違犯罪初句可知二言有因緣者律云有請
喚及自事等多論開者為門外果故長養仏法故長信敬心故又道俗相須
成就仏法故聽往有齊至三宿三言過者波逸提是違犯結罪律云若
至第三宿明相未出應離見聞處若不離明相出犯提見聞至不
離犯吉若第四夜往處初夜即犯不待明 律云不犯者得二宿至第
三宿明相未出離見聞處若水陸道斷惡獸等難並不犯 有緣至
軍二二宿往觀軍陣合戰戒[illegible]

BD00778 金剛般若波羅蜜經

（後秦）鳩摩羅什 譯

135.1cm×26.5cm

寶以用布施是人所得福德寧為多不須菩
提言甚多世尊何以故是福德即非福德性
是故如來說福德多若復有人於此經中受
持乃至四句偈等為他人說其福勝彼何以故
須菩提一切諸佛及諸佛阿耨多羅三藐三
菩提法皆從此經出須菩提所謂佛法者
即非佛法
須菩提於意云何須陀洹能作是念我得須
陀洹果不須菩提言不也世尊何以故須陀
洹名為入流而无所入不入色聲香味觸法
是名須陀洹須菩提於意云何斯陀含能作
是念我得斯陀含果不須菩提言不也世尊
何以故斯陀含名一往來而實无往來是

我得阿那含果不須菩提言不也世尊何以
故阿那含名為不來而實无來是故名阿那
含須菩提於意云何阿羅漢能作是念我
得阿羅漢道不須菩提言不也世尊何以故
實无有法名阿羅漢世尊若阿羅漢作是
念我得阿羅漢道即為著我人衆生壽者世
世佛說我得无諍三昧人中最為第一是第一
離欲阿羅漢我不作是念我是離欲阿羅漢世
尊我若作是念我得阿羅漢道世尊則不說
須菩提是樂阿蘭那行者以須菩提實无
所行而名須菩提是樂阿蘭那行
佛告須菩提於意云何如來昔在然燈佛
所於法有所得不世尊如來在然燈佛所於法
實无所得須菩提於意云何菩薩莊嚴佛土
不不也世尊何以故莊嚴佛土者則非莊嚴

不不也世尊何以故莊嚴佛土者則非莊嚴
是名莊嚴是故須菩提諸菩薩摩訶薩應
如是生清淨心不應住色生心不應住聲香味
觸法生心應无所住而生其心須菩提譬如有
人身如須彌山王於意云何是身為大不
須菩提言甚大世尊何以故佛說非身是名
大身
須菩提如恒河中所有沙數如是沙等恒河於
意云何是諸恒河寧為多不須菩提言甚
多世尊但諸恒河尚多无數何況其沙須菩
提我今實言告汝若有善男子善女人以
七寶滿尒所恒河沙數三千大千世界以用
布施得福多不須菩提言甚多世尊佛告須
菩提若善男子善女人於此經中乃至受持

次須菩提隨說是經乃至四句偈等當知此
處一切世間天人阿脩羅皆應供養如佛塔廟
何況有人盡能受持讀誦須菩提當知是
人成就最上第一希有之法若是經典所
在之處則為有佛若尊重弟子
尒時須菩提白佛言世尊當何名此經我等
云何奉持佛告須菩提是經名為金剛般
若波羅蜜以是名字汝當奉持所以者何須
菩提佛說般若波羅蜜則非般若波羅蜜
須菩提於意云何如來有所說法不須菩提
白佛言世尊如來无所說須菩提於意云何三
千大千世界所有微塵是為多不須菩提言
甚多世尊須菩提諸微塵如來說非微塵
是名微塵如來說世界非世界是名世界須菩
提於意云何可以卅二相見如來不不也世尊

提於意云何可以卅二相見如來不不也世尊
何以故如來說卅二相即是非相是名卅二相
須菩提若有善男子善女人以恒河沙等
身命布施若復有人於此經中乃至受持四句
偈等為他人說其福甚多尒時須菩提聞說
經經深解義趣涕淚悲泣而白佛言希有世尊
佛說是經甚深經典我從昔來所得惠眼未曾
得聞如是之經世尊若復有人得聞是經信心
清淨則生實相當知是人成就第一希有功德
世尊是實相者則是非相是故如來說名實相世
尊我今得聞如是經典信解受持不足為難若當
來世後五百歲其有眾生得聞是經信解受持是
人則為第一希有何以故此人无我相人相眾生
相壽者相所以者何我相即是非相人相眾生

佛告須菩提如是如是若復有人得聞是經不
驚不怖不畏當知是人甚為希有何以故
須菩提如来說第一波羅蜜非第一波羅蜜
是名第一波羅蜜須菩提忍辱波羅蜜如来
說非忍辱波羅蜜何以故須菩提如我昔為
歌利王割截身體我於尒時无我相无人相
无衆生相无壽者相何以故我於往昔節節
支解時若有我相人相衆生相壽者相應生
瞋恨須菩提又念過去於五百世作忍辱仙
人於尒所世无我相无人相无衆生相无壽
者相是故須菩提菩薩離一切相發阿耨

BD00779　妙法蓮華經（八卷本）卷五

（後秦）鳩摩羅什 譯

921.1cm × 27.1cm

為於法故
擊鼓宣令四方求法誰
者吾當終身供給走使時有仙
王言我有大乘名妙法蓮華若不違
我當為宣說王聞其言歡喜踊躍即隨仙人
供給所須採菓汲水拾薪設食乃至以身而
為床座身心无惓于時奉事經於千歲為於
法故精懃給侍令无所乏尒時世尊欲重宣
此義而說偈言
我念過去劫　為求大法故　雖作世國王　不貪五欲樂
推鍾告四方　誰有大法者　若為我解說　身當為奴僕
尒時有仙人　来白於大王　我有微妙法　世間所希有

即便隨仙人　供給於所須　採薪及菓蓏　隨時恭敬與
情存妙法故　身心无懈惓　普為諸衆生　懃求於大法
亦不為己身　及以五欲樂　故為大國王　懃求獲此法
遂致得成佛　今故為汝說
佛告諸比丘尒時王者則我身是時仙人者
今提婆達多是由提婆達多善知識故令我
具足六波羅蜜慈悲喜捨三十二相八十種好
紫磨金色十力四无所畏四攝法十八不共神
通道力成等正覺廣度衆生皆因提婆達多
善知識故告諸四衆提婆達多却後過无量
劫當得成佛号曰天王如來應供正遍知明
行足善逝世間解无上士調御丈夫天人師
佛世尊世界名天道時天王佛住世廿中劫
廣為衆生說於妙法恒河沙衆生得阿羅漢

佛世尊世界名天道時天王佛住世廿中劫
廣為衆生説於妙法恒河沙衆生得阿羅漢
果无量衆生發緣覺心恒河沙衆生發无上
道心得无生忍至不退轉時天王佛般涅槃
後正法住世廿中劫全身舍利起七寶塔高
六十由旬縱廣卌由旬諸天人民悉以雜華
末香燒香塗香衣服瓔珞幢幡寶蓋伎樂
歌頌禮拜供養七寶妙塔无量衆生得阿羅
漢无量衆生悟辟支佛不可思議衆生發菩
提心至不退轉佛告諸比丘未來世中若有
善男子善女人聞妙法華經提婆達多品淨
心信敬不生疑惑者不墮地獄餓鬼畜生
十方佛前所生之處常聞此經若生人天中
受勝妙樂若在佛前蓮華化生於時下方多
寶世尊所從菩薩名曰智積白多寶佛當還

臾此有菩薩名文殊師利可與相見論說妙
法可還本土
尒時文殊師利坐千葉蓮華大如車輪俱來
菩薩亦坐寶華從於大海娑竭龍宮自然踊
出住虛空中詣靈鷲山從蓮華下至於佛所
頭面礼敬二世尊足脩敬已畢往智積所共
相慰問却坐一面智積菩薩問文殊師利仁
往龍宮所化衆生其數幾何文殊師利言其
數无量不可稱計非口所宣非心所測且待
須臾自當有證所言未竟无數菩薩坐寶蓮
華從海踊出詣靈鷲山住在虛空此諸菩薩
皆是文殊師利之所化度具菩薩行皆共論
說六波羅蜜本聲聞人在虛空中說聲聞行

說六波羅蜜本聲聞人在虛空中說聲聞行
今皆脩行大乘空義文殊師利謂智積曰於
海所化其事如此尒時智積菩薩以偈讚曰
大智德勇健　化度无量衆　今此諸大會　及我皆已見
演暢實相義　開闡一乘法　廣度諸羣生　令速成菩提
文殊師利言我於海中唯常宣說妙法華經
智積問文殊師利言此經甚深微妙諸經中
寶世所希有頗有衆生懃加精進脩行此經
速得佛不文殊師利言有娑竭羅龍王女年
始八歲智慧利根善知衆生諸根行業得陁
羅尼諸佛所說甚深秘藏悉能受持深入禪
定了達諸法於剎那頃發菩提心得不退轉
辯才无导慈念衆生猶如赤子功德具足心
念口演微妙廣大慈悲謙讓志意和雅乃至
菩提智積菩薩言我見釋迦如來於无量劫

三千大千世界乃至无有如芥子許无非菩
薩捨身命處為衆生故然後乃得成菩提道
不信此女於須臾頃便成正覺言論未訖時
龍王女忽現於前頭面禮敬却住一面以偈
讚曰
深達罪福相　遍照於十方　微妙淨法身　具相三十二
以八十種好　用莊嚴法身　天人所戴仰　龍神咸恭敬
一切衆生類　无不宗奉者　又聞成菩提　唯佛當證知
我闡大乘教　度脫苦衆生
尒時舍利弗語龍女言汝謂不久得无上道
是事難信所以者何女身垢穢非是法器云
何能得无上菩提佛道懸曠經无量劫懃苦
積行具脩諸度然後乃成又女人身猶有五

何能得无上菩提佛道懸曠經无量劫懃苦
積行具脩諸度然後乃成又女人身猶有五
鄣一者不得作梵天王二者帝釋三者魔王
四者轉輪聖王五者佛身去何汝身速得成
佛耶尒時龍女有一寶珠價直三千大千世
界持以上佛佛即受之龍女謂智積菩薩尊者
舍利弗言我獻此寶珠世尊納受是事疾不
荅言甚疾女言以汝神力觀我成佛復速於
此當時眾會皆見龍女忽然之間變成男子
具菩薩行即往南方无垢世界坐寶蓮華成
等正覺三十二相八十種好普為十方一切
眾生演說妙法尒時娑婆世界菩薩聲聞天
龍八部人與非人皆遙見彼龍女成佛普為
時會人天說法心大歡喜悉遙敬礼无量眾
生聞法解悟得不退轉无量眾生得受道記

不退地三十衆生發菩提心而得受記智積
菩薩及舍利弗一切衆會嘿然信受

妙法蓮華經勸持品第十三

尒時藥王菩薩摩訶薩及大樂說菩薩摩訶
薩與二万菩薩眷屬俱皆於佛前作是誓言
唯願世尊不以為慮我等於佛滅後當奉持
讀誦說此經典後惡世衆生善根轉少多增
上慢貪利供養增不善根遠離解脫雖難可
教化我等當起大忍力讀誦此經持說書寫
種種供養不惜身命尒時衆中五百阿羅漢
得受記者白佛言世尊我等亦自誓願於異
國土廣說此經復有學无學八千人得受記
者從座而起合掌向佛作是誓言世尊我等

者從座而起合掌向佛作是誓言世尊我等
亦當於他國土廣說此經所以者何是娑婆
國中人多弊惡懷增上慢功德淺薄瞋濁諂
曲心不實故
尒時佛姨母摩訶波闍波提比丘尼與學无
學比丘尼六千人俱從座而起一心合掌瞻
仰尊顏目不暫捨於時世尊告憍曇弥何故
憂色而視如來汝心將无謂我不說汝名受
阿耨多羅三藐三菩提記耶憍曇弥我先揔
說一切聲聞皆已受記今汝欲知記者將來
之世當於六万八千億諸佛法中為大法師
及六千學无學比丘尼俱為法師汝如是漸
漸具菩薩道當得作佛号一切衆生喜見如
来應供正遍知明行足善逝世間解无上士
調御丈夫天人師佛世尊憍曇弥是一切衆

羅三藐三菩提尒時羅睺羅母耶輸陁羅比
丘尼作是念世尊於受記中獨不說我名佛
告耶輸陁羅汝於來世百万億諸佛法中脩
菩薩行為大法師漸具佛道於善國中當得
作佛号具足千万光相如來應供正遍知明
行足善逝世間解无上士調御丈夫天人師
佛世尊佛壽无量阿僧祇劫尒時摩訶波闍
波提比丘尼及耶輸陁羅比丘尼并其眷屬
皆大歡喜得未曾有即於佛前而說偈言
世尊道師　安隱天人　我等聞記　心安具足
諸比丘尼說是偈已白佛言世尊我等亦能
於他方國土廣宣此經
尒時世尊視八十万億那由他諸菩薩摩訶

於他方國土廣宣此經
尒時世尊視八十万億那由他諸菩薩摩訶
薩是諸菩薩皆是阿惟越致轉不退法輪得
諸陁羅尼即從座起至於佛前一心合掌而
作是念若世尊告勑我等持說此經者當如
佛教廣宣斯法復作是念佛今嘿然不見告
勑我當云何時諸菩薩敬順佛意并欲自滿
本願便於佛前作師子吼而發誓言世尊我
等於如来滅後周旋往反十方世界能令衆
生書寫此經受持讀誦解說其義如法脩行
正憶念皆是佛之威力唯願世尊在於他方
遥見守護即時諸菩薩俱同發聲而說偈言
唯願不為慮　於佛滅度後　恐怖惡世中　我等當廣說
有諸无智人　惡口罵詈等　及加刀杖者　我等皆當忍

貪着利養故　與白衣說法　為世所恭敬　如六通羅漢
是人懷惡心　常念世俗事　假名阿練若　好出我等過
而作如是言　此諸比丘等　為貪利養故　說外道論議
自作此經典　誑惑世間人　為求名聞故　分別於是經
常在大眾中　欲毀我等故　向國王大臣　婆羅門居士
及餘比丘眾　誹謗說我惡　謂是邪見人　說外道論議
我等敬佛故　悉忍是諸惡　為斯所輕言　汝等皆是佛
如此輕慢言　皆當忍受之　濁劫惡世中　多有諸恐怖
惡鬼入其身　罵詈毀辱我　我等敬信佛　當着忍辱鎧
為說是經故　忍此諸難事　我不愛身命　但惜无上道
我等於來世　護持佛所囑　世尊自當知　濁世惡比丘
不知佛方便　隨宜所說法　惡口而顰蹙　數數見擯出
遠離於塔寺　如是等眾惡　念佛告勅故　皆當忍是事

遠離於塔寺　如是等衆惡　念佛告勑故　皆當忍是事
諸聚落城邑　其有求法者　我皆到其所　說佛所囑法
我是世尊使　處衆无所畏　我當善說法　願佛安隱住
我於世尊前　諸來十方佛　發如是誓言　佛自知我心

妙法蓮華經安樂行品第十四

尒時文殊師利法王子菩薩摩訶薩白佛言
世尊是諸菩薩甚為難有敬順佛故發大誓
願於後惡世護持讀誦說是法華經世尊菩
薩摩訶薩於後惡世云何能說是經佛告文
殊師利若菩薩摩訶薩於後惡世欲說是經
當安住四法一者安住菩薩行處及親近處能
為衆生演說是經文殊師利云何名菩薩摩
訶薩行處若菩薩摩訶薩住忍辱地柔和善
順而不卒暴心亦不驚又復於法无所行而

訶薩行處云何名菩薩摩訶薩親近處菩薩
摩訶薩不親近國王王子大臣官長不親近
諸外道梵志尼揵子等及造世俗文筆讚詠
外書及路伽耶陀逆路伽耶陀者亦不親近
諸有凶戲相扠相撲及那羅等種種變現之
戲又不親近旃陀羅及畜猪羊雞狗田獵魚
捕諸惡律儀如是人等或時來者則為說法
无所悕望又不親近求聲聞比丘比丘尼優
婆塞優婆夷亦不問訊若於房中若經行處
若在講堂中不共住止或時來者隨宜說法
无所悕求文殊師利又菩薩摩訶薩不應於
女人身取能生欲想相而為說法亦不樂見
若入他家不與小女處女寡女等共語亦復
不近五種不男之人以為親厚不獨入他家
若有因緣須獨入時但一心念佛

不近五種不男之人以為親厚不獨入他家
若有因緣須獨入時但一心念佛若為女人
說法不露齒咲不現胷臆乃至為法猶不親
厚況復餘事不樂畜年少弟子沙弥小兒亦
不樂與同師常好坐禪在於閑處脩攝其心
文殊師利是名初親近處復次菩薩摩訶薩
觀一切法空如實相不顛倒不動不退不轉
如虛空无所有性一切語言道斷不生不出
不起无名无相實无所有无量无邊无閡无
鄣但以因緣有從顛倒生故說常樂觀如是
法相是名菩薩摩訶薩弟二親近處尒時世
尊欲重宣此義而說偈言
若有菩薩　於後惡世　无怖畏心　欲說是經
應入行處　及親近處　常離國王　及國王子

亦不親近 增上慢人 貪著小乘 三藏學者
破戒比丘 名字羅漢 及比丘尼 好戲咲者
深著五欲 求現滅度 諸優婆夷 皆勿親近
若是人等 以好心來 到菩薩所 為聞佛道
菩薩則以 无所畏心 不懷悕望 而為說法
寡女處女 及諸不男 皆勿親近 以為親厚
亦莫親近 屠兒魁膾 田獵魚捕 為利煞害
販肉自活 衒賣女色 如是之人 皆勿親近
凶險相撲 種種嬉戲 諸婬女等 盡勿親近
莫獨屏處 為女說法 若說法時 无得戲咲
入里乞食 將一比丘 若无比丘 一心念佛
是則名為 行處近處 以此二處 能安樂說
又復不行 上中下法 有為无為 實不實法
亦不分別 是男是女 不得諸法 不知不見

亦不分別　是男是女　不得諸法　不知不見
是則名為　菩薩行處
一切諸法　空无所有　无有常住　亦无起滅
是名智者　所親近處
顛倒分別　諸法有无　是實非實　是生非生
在於閑處　脩攝其心　安住不動　如須弥頂
觀一切法　皆无所有　猶如虛空　无有堅固
不生不出　不動不退　常住一相　是名近處
若有比丘　於我滅後　入是行處　及親近處
說斯經時　无有怯弱
菩薩有時　入於靜室　以正憶念　隨義觀法
從禪定起　為諸國王　王子臣民　婆羅門等
開化演暢　說斯經典　其心安隱　无有怯弱
文殊師利　是名菩薩　安住初法　能於後世　說

文殊師利如來滅後於末法中欲說是經
應住安樂行若口宣說若讀經時不樂說人
及經典過亦不輕慢諸餘法師不說他人好
惡長短於聲聞人亦不稱名說其過惡亦不
稱名讚歎其美又亦不生怨嫌之心善脩如
是安樂心故諸有聽者不逆其意有所難問
不以小乘法荅但以大乘而為解說令得一
切種智尒時世尊欲重宣此義而說偈言

菩薩常樂　安隱說法　於清淨地　而施牀座
以油塗身　澡浴塵穢　著新淨衣　內外俱淨
安處法座　隨問為說
若有比丘　及比丘尼　諸優婆塞　及優婆夷
國王王子　羣臣士民　以微妙義　和顏為說
若有問難　隨義而荅　因緣譬喻　敷演分別

若有問難 隨義而答 因緣譬喻 敷演分別
以是方便 皆使發心 漸漸增益 入於佛道
除嬾墮意 及懈怠想 離諸憂惱 慈心說法
晝夜常說 无上道教 以諸因緣 无量譬喻
開示衆生 咸令歡喜
衣服臥具 飲食湯藥 而於其中 无所悕望
但一心念 說法因緣 願成佛道 令衆亦尒
是則大利 安樂供養
我滅度後 若有比丘 能演說斯 妙法華經
心无嫉恚 諸惱鄣㝵 亦无憂愁 及罵詈者
又无怖畏 加刀杖等 亦无擯出 安住忍故
智者如是 善脩其心 能住安樂 如我上說
其人功德 千万億劫 筭數譬喻 說不能盡
又文殊師利菩薩摩訶薩於後末世法欲滅
時受持讀誦斯經典者无懷嫉妬諂誑之心

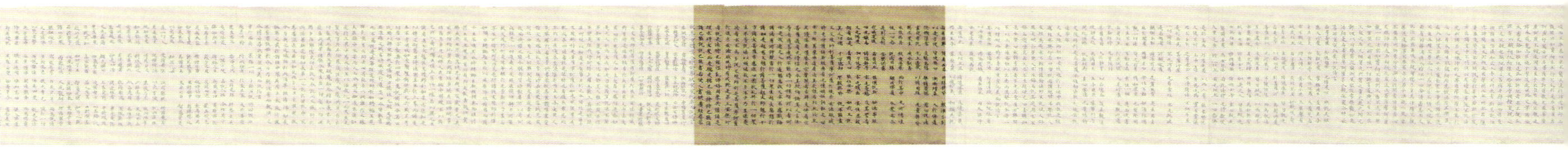

亦勿輕罵學佛道者求其長短若比丘比丘
尼優婆塞優婆夷求聲聞者求辟支佛者求
菩薩道者无得惱之令其疑悔語其人言汝
等去道甚遠終不能得一切種智所以者何
汝是放逸之人於道懈怠故又亦不應戲論
諸法有所諍競當於一切衆生起大悲想於
諸如來起慈父想於諸菩薩起大師想於十
方諸大菩薩常應深心恭敬礼拜於一切衆
生平等說法以順法故不多不少乃至深愛
法者亦不為多說文殊師利是菩薩摩訶薩
於後末世法欲滅時有成就是第三安樂行
者說是法時无能惱亂得好同學共讀誦是
經亦得大衆而來聽受聽已能持持已能誦
誦已能說說已能書若使人書供養經卷恭
敬尊重讚歎爾時世尊欲重宣此

誦已能說說已能書若使人書供養經卷恭
敬尊重讚嘆尒時世尊欲重宣此義而說偈言
若欲說是經　當捨嫉恚慢　諂誑耶僞心　常脩質直行
不輕蔑於人　亦不戲論法　不令他疑悔　云汝不得佛
是佛子說法　常柔和能忍　慈悲於一切　不生懈怠心
十方大菩薩　愍衆故行道　應生恭敬心　是則我大師
於諸佛世尊　生无上父想　破於憍慢心　說法无鄣㝵
第三法如是　智者應守護　一心安樂行　无量衆所敬
又文殊師利菩薩摩訶薩於後末世法欲滅
時有持是法華經者於在家出家人中生大
慈心於非菩薩人中生大悲心應作是念如
是之人則為大失如來方便隨宜說法不聞
不知不覺不問不信不解其人雖不問不信
不解是經我得阿耨多羅三藐三菩提時隨
在何地以神通力智慧力引之令得住是法中

就此第四法者說是法時无有過失常為比
丘比丘尼優婆塞優婆夷國王王子大臣人
民婆羅門居士等供養恭敬尊重讚嘆虛空
諸天為聽法故亦常隨侍若在聚落城邑空
閑林中有人來欲難問者諸天晝夜常為法
故而衛護之能令聽者皆得歡喜所以者何
此經是一切過去未來現在諸佛神力所護
故文殊師利是法華經於无量劫中乃至名
字不可得聞何況得見受持讀誦文殊師利譬
如強力轉輪聖王欲以威勢降伏諸國而諸
小王不順其命時轉輪王起種種兵而往討
罰王見兵眾戰有功者即大歡喜隨功賞
賜或與田宅聚落城邑或與衣服嚴身之具

賜或與田宅聚落城邑或與衣服嚴身之具
或與種種珎寶金銀瑠璃車璖馬瑙珊瑚虎
珀象馬車乘奴婢人民唯髻中明珠不以與
之所以者何獨王頂上有此一珠若以與之王
諸眷屬必大驚怪文殊師利如來亦復如是
以禪定智慧力得法國土王於三界而諸魔
王不肯順伏如來賢聖諸將與之共戰其有
功者心亦歡喜於四衆中為說諸經令其心
悅賜以禪定解脫无漏根力諸法之財又復賜
與涅槃之城言得滅度引導其心令皆歡喜
而不為說是法華經文殊師利如轉輪王見
諸兵衆有大功者心甚歡喜以此難信之珠
久在髻中不妄與人而今與之如來亦復如
是於三界中為大法王以法教化一切衆生見

功勳滅三毒出三界破魔網爾時如來亦大
歡喜此法華經能令衆生至一切智一切世
間多怨難信先所未說而今說之文殊師利
此法華經是諸如來第一之說於諸說中最
為甚深末後賜與如彼強力之王久護明珠
今乃與之文殊師利此法華經諸佛如来
秘密之藏於諸經中最在其上長夜守護
不妄宣說始於今日乃與汝等而敷演之
尒時世尊欲重宣此義而說偈言

常行忍辱　哀愍一切　乃能演說　佛所讚經
後末世時　持此經者　於家出家　及非菩薩
應生慈悲　斯等不聞　不信是經　則為大失
我得佛道　以諸方便　為說此經　令住其中
譬如強力　轉輪之王　兵戰有功　賞賜諸物

BD00779　妙法蓮華經（八卷本）卷五

譬如強力　轉輪之王　兵戰有功　賞賜諸物
象馬車乘　嚴身之具　及諸田宅　聚落城邑
或與衣服　種種珎寶　奴婢財物　歡喜賜與
如有勇健　能為難事　王解髻中　明珠賜之
如來亦尒　為諸法王　忍辱大力　智慧寶藏
以大慈悲　如法化世
見一切人　受諸苦惱　欲求解脫　與諸魔戰
為是衆生　說種種法　以大方便　說此諸経
既知衆生　得其力已　末後乃為　說此法華
如王解髻　明珠與之　此経為尊　衆経中上
我常守護　不妄開示　今正是時　為汝等說
我滅度後　求佛道者　欲得安隱　演說斯経
應當親近　如是四法　讀是経者　常无憂惱
又无病痛　顏色鮮白　不生貧窮　卑賤醜陋
衆生樂見　如慕賢聖　天諸童子　以為給使

刀杖不加　毒不能害　若人惡罵　口則閉塞
遊行无畏　如師子王　智慧光明　如日之照
若於夢中　但見妙事　見諸如來　坐師子座
諸比丘眾　圍遶說法　又見龍神　阿脩羅等
數如恒沙　恭敬合掌　自見其身　而為說法
又見諸佛　身相金色　放无量光　照於一切
以梵音聲　演說諸法　佛為四眾　說无上法
見身處中　合掌讚佛　聞法歡喜　而為供養
得陀羅尼　證不退智　佛知其心　深入佛道
即為授記　成最正覺　汝善男子　當於來世
得无量智　佛之大道　國土嚴淨　廣大无比
亦有四眾　合掌聽法　又見自身　在山林中
脩習善法　證諸實相　深入禪定　見十方佛
諸佛身金色　百福相莊嚴　聞法為人說　常有是好夢

諸佛身金色　百福相莊嚴　聞法為人說　常有是好夢
又夢作國王　捨宮殿眷屬　及上妙五欲　行詣於道場
在菩提樹下　而處師子座　求道過七日　得諸佛之智
成无上道已　起而轉法輪　為四衆說法　經千万億劫
說无漏妙法　度无量衆生　後當入涅槃　如烟盡火滅
若後惡世中　說是第一法　是人得大利　如上諸功德

妙法蓮華經從地踊出品第十五

尒時他方國土諸來菩薩摩訶薩過八恒河
沙數於大衆中起立合掌作礼而白佛言世
尊若聽我等於佛滅後在此娑婆世界懃加
精進護持讀誦書寫供養是經典者當於此
土而廣說之尒時佛告諸菩薩摩訶薩衆止
善男子不須汝等護持此經所以者何我娑
婆世界自有六万恒河沙等菩薩摩訶薩一

娑世界三千大千國土地皆震裂而於其中
有无量千万億菩薩摩訶薩同時踊出是諸
菩薩身皆金色三十二相无量光明先盡在
此娑婆世界之下此界虛空中住是諸菩薩聞
釋迦牟尼佛所說音聲從下發來一一菩薩
皆是大衆唱導之首各將六万恒河沙眷屬
況將五万四万三万二万一万恒河沙等眷
屬者況復乃至一恒河沙半恒河沙四分之
一乃至千万億那由他分之一況復千万億
那由他眷屬況復億万眷屬況復千万百万
乃至一万況復一千一百乃至一十況復將
五四三二一弟子者況復單己樂遠離行如
是等比无量无邊筭數譬喻所不能知是諸

是等比无量无邊筭數譬喻所不能知是諸
菩薩從地出已各詣虛空七寶妙塔多寶如
來釋迦牟尼佛所到已向二世尊頭面礼足
及至諸寶樹下師子座上佛所亦皆作礼右
遶三帀合掌恭敬以諸菩薩種種讚法而以
讚嘆住在一面欣樂瞻仰於二世尊是諸菩
薩摩訶薩從初踊出以諸菩薩種種讚法而
讚於佛如是時間經五十小劫尒時釋迦牟
尼佛嘿然而坐及諸四衆亦皆嘿然五十小
劫佛神力故令諸大衆謂如半日尒時四衆
亦以佛神力故見諸菩薩遍滿无量百千万
億國土虛空是菩薩衆中有四導師一名上
行二名无邊行三名淨行四名安立行是四菩薩
於其衆中最為上首唱導之師在大衆前各共

樂行不所應度者受教易不不令世尊生疲

勞耶尒時四大菩薩而說偈言

世尊安樂　少病少惱　教化衆生　得无疲倦

又諸衆生　受化易不　不令世尊　生疲勞耶

尒時世尊於諸菩薩大衆中而作是言如是

如是諸善男子如來安樂少病少惱諸衆生

等易可化度无有疲勞所以者何是諸衆生

世世以來常受我化亦於過去諸佛供養尊

重種諸善根此諸衆生始見我身聞我所說

即皆信受入如來慧除先脩習學小乘者如

是之人我今亦令得聞是經入於佛慧尒時

諸大菩薩而說偈言

善哉善哉　大雄世尊　諸衆生等　易可化度

能問諸佛　甚深智慧　聞已信行　我等隨喜

能聞諸佛　甚深智慧　聞已信行　我等隨喜
於時世尊讚歎上首諸大菩薩善哉善哉善
男子汝等能於如來發隨喜心尒時弥勒菩
薩及八千恒河沙諸菩薩衆皆作是念我等
從昔已來不見不聞如是大菩薩摩訶薩衆
從地踊出住世尊前合掌供養問訊如來時
弥勒菩薩摩訶薩知八千恒河沙諸菩薩等
心之所念并欲自決所疑合掌向佛以偈問
曰
无量千万億　大衆諸菩薩　昔所未曾見　願兩足尊說
是從何所來　以何因緣集　巨身大神通　智慧叵思議
其志念堅固　有大忍辱力　衆生所樂見　為從何所來
一一諸菩薩　所將諸眷屬　其數无有量　如恒河沙等
或有大菩薩　將六万恒沙　如是諸大衆　一心求佛道
是諸大師等　六万恒河沙　俱來供養佛　及護持是經

將三千恒沙　其數過於是　四万及三万　二万至一万
一千一百等　乃至一恒沙　半及三四分　億万分之一
千万那由他　万億諸弟子　乃至於半億　其數復過上
百万至一万　一千及一百　五十與一十　乃至三二一
單已无眷屬　樂於獨處者　俱來至佛所　其數轉過上
如是諸大衆　若人行籌數　過於恒沙劫　猶不能盡知
是諸大威德　精進菩薩衆　誰為其說法　教化而成就
從誰初發心　稱楊何佛法　受持行誰經　脩習何佛道
如是諸菩薩　神通大智力　四方地震裂　皆從中踊出
世尊我昔來　未曾見是事　願說其所從　國土之名号
我常遊諸國　未曾見是衆
我於此衆中　乃不識一人　忽然從地出　願說其因緣
今此之大會　无量百千億　是諸菩薩等　皆欲知此事
是諸菩薩衆　本末之因緣　无量德世尊　唯願决衆疑

是諸菩薩衆　本末之因緣　无量德世尊　唯願決衆疑
尒時釋迦牟尼佛分身諸佛從无量千万億
他方國土來者在於八方諸寶樹下師子座
上結跏趺坐其佛侍者各各見是菩薩大衆
於三千大千世界四方從地踊出住於虛空
各白其佛言世尊此諸无量无邊阿僧祇菩
薩大衆從何所來尒時諸佛各告侍者諸善
男子且待須臾有菩薩摩訶薩名曰弥勒釋
迦牟尼佛之所受記次後作佛已問斯事佛
今荅之汝等自當因是得聞尒時釋迦牟尼
佛告弥勒菩薩善哉善哉阿逸多乃能問佛
如是大事汝等當共一心被精進鎧發堅固
意如來今欲顯發宣示諸佛智慧諸佛自在
神通之力諸佛師子奮迅之力諸佛威猛大

當精進一心　我欲說是事　勿得有疑悔　佛智叵思議
汝今出信力　住於忍善中　昔所未聞法　今皆當得聞
我今安慰汝　勿得懷疑懼　佛无不實語　智慧不可量
所得第一法　甚深叵分別　如是今當說　汝等一心聽
尒時世尊說此偈已告弥勒菩薩我今於此
大衆宣告汝等阿逸多是諸大菩薩摩訶薩
无量无數阿僧祇從地踊出汝等昔所未見
者我於是娑婆世界得阿耨多羅三藐三菩
提已教化示導是諸菩薩調伏其心令發道
意此諸菩薩皆於是娑婆世界之下此界虛
空中住於諸經典讀誦通利思惟分別正憶
念阿逸多是諸善男子等不樂在衆多有所
說常樂靜處懃行精進未曾休息亦不依止
人天而住常樂深智无有鄣㝵亦常樂於諸

人天而住常樂深智无有鄣㝵亦常樂於諸
佛之法一心精進求无上慧尒時世尊欲重
宣此義而說偈言
阿逸汝當知　是諸大菩薩　從无數劫來　脩習佛智慧
悉是我所化　令發大道心　此等是我子　依止是世界
常行頭陁事　志樂於靜處　捨大眾憒丙　不樂多所說
如是諸子等　學習我道法　晝夜常精進　為求佛道故
在娑婆世界　下方空中住
志念力堅固　常勤求智慧　說種種妙法　其心无所畏
我於伽耶城　菩提樹下坐　得成最正覺　轉无上法輪
尒乃教化之　令初發道心　今皆住不退　悉當得成佛
我今說實語　汝等一心信　我從久遠來　教化是等眾
尒時弥勒菩薩摩訶薩及无數諸菩薩等心生疑
惑怪未曾有而作是念云何世尊於少時閒教化
如是无量无邊阿僧祇諸大菩薩令住阿耨多羅

三藐三菩提即白佛言世尊如來為太子時出於釋
城去伽耶城不遠坐於道場得成阿耨多羅三藐
三菩提從是以來始過卌餘年世尊云何於此少
時大作佛事以佛勢力以佛功德教化如是无量
大菩薩衆當成阿耨多羅三藐三菩提世尊此
大菩薩衆假使有人於千万億劫數不能盡不得
其邊斯等久遠已來於无量无邊諸佛所殖諸
善根成就菩薩道常脩梵行世尊如此之事
世所難信譬如有人色美髮黑年廿五指百
歲人言是我子其百歲人亦指年少言是我
父生育我等是事難信佛亦如是得道以來
其實未久而此大衆諸菩薩等已於无量千
万億劫為佛道故懃行精進善入出住无量
百千万億三昧得大神通久脩梵行善能次
苐習諸善法巧於問荅人中之寶一切世間

百千万億三昧得大神通久脩梵行善能次第習諸善法巧於問荅人中之寶一切世間甚為希有今日世尊方云得佛道時初令發心教化示導令向阿耨多羅三藐三菩提世尊得佛未久乃能作此大功德事我等雖復信佛隨宜所說佛所出言未曾虛妄佛所知者皆悉通達然諸新發意菩薩於佛滅後若聞是語或不信受而起破法罪業因緣唯然世尊願為解說除我等疑及未來世諸善男子聞此事已亦不生疑尒時弥勒菩薩欲重宣此義而說偈言

佛昔從釋種　出家近伽耶　坐於菩提樹　尒來尚未久
此諸佛子等　其數不可量　久已行佛道　住神通智力
善學菩薩道　不染世間法　如蓮華在水　從地而踊出
皆起恭敬心　住於世尊前　是事難思議　云何而可信

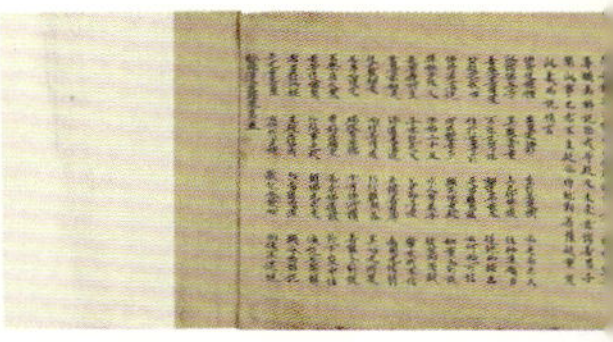

佛得道甚近　所成就甚多　願為除衆疑　如實分別說
辟如少壯人　年始二十五　示人百歲子　髮白而面皺
是等我所生　子亦說是父　父少而子老　舉世所不信
世尊亦如是　得道來甚近　是諸菩薩等　志固无怯弱
從无數劫來　而行菩薩道　巧於難問答　其心无所畏
忍辱心決定　端政有威德　十方佛所讚　善能分別說
不樂在人衆　常好在禪定　為求佛道故　於下空中住
我等從佛聞　於此事无疑　願佛為未來　演說令開解
若有於此經　生疑不信者　即當墮惡道　願今為解說
是无量菩薩　云何於少時　教化令發心　而住不退地

妙法蓮華經卷第五

BD00779　妙法蓮華經（八卷本）卷五

妙法蓮華經卷第五

圖書在版編目（CIP）數據

中國國家圖書館藏敦煌文獻．第五一册 / 中國國家圖書館編．—北京：國家圖書館出版社，2024.12

ISBN 978-7-5013-7973-6

Ⅰ．①中…　Ⅱ．①中…　Ⅲ．①敦煌學－文獻　Ⅳ．①K870.6

中國國家版本館CIP數據核字（2024）第036732號

書　　名　中國國家圖書館藏敦煌文獻・第五一册
著　　者　中國國家圖書館　編
項目統籌　魏　崇　殷夢霞
責任編輯　苗文葉　潘　竹　程魯潔　黄　鑫
責任校對　王　哲　蔣昕童

出版發行　國家圖書館出版社（北京市西城區文津街7號　100034）
（原書目文獻出版社　北京圖書館出版社）
010-66114536　63802249　nlcpress@nlc.cn（郵購）
網　　址　http://www.nlcpress.com
排版印裝　天津裕同印刷有限公司
版次印次　2024年12月第1版　2024年12月第1次印刷

開　　本　787×1092　1/8
印　　張　40
書　　號　ISBN 978-7-5013-7973-6
定　　價　2800.00圓